Lydia Hohmann

Kinder spielend fördern

Außerdem erhältlich:

- Massagen für Ihr Baby - Wohltuende und sanfte Berührungen
- Kochen für die Kleinsten - Die beliebtesten Kindergerichte für jeden Tag
- Wie Kinder glücklich werden - Harmonisch durch den Familienalltag
- Alle Mäuse fliegen hoch - Die besten Kinderspiele für unterwegs
- Kinder lieben Lieder - Mit Musik und Spaß durchs Leben
- Feste für Kinder - Kreative Ideen für lustige Feiern
- So wird mein Kind sauber - Trocken und zufrieden ohne Windel
- Unterwegs mit Babys und Kleinkindern - Entspannt verreisen mit der Familie

compact via ist ein Imprint der Compact Verlag GmbH

© 2012 Compact Verlag GmbH München

Text: Lydia Hohmann (S. 4-86, außer S. 15, 32, 53, 72, 85),
Linda Freutel (S. 87-94 und S. 15, 32, 53, 72, 85)
Chefredaktion: Evelyn Boos
Redaktion: Tanja Greiner
Produktion: Johannes Buchmann
Titelabbildungen: fotolia.com/Pavel Losevsky (o. li.), fotolia.com/Hallgerd (o. M.),
fotolia.com/Monkey Business (o. re.), mauritius images (u.)
Layout: h3a GmbH, München
Umschlaggestaltung: h3a GmbH, München

ISBN 978-3-8174-7940-5
5379403/6

Besuchen Sie uns im Internet: www.compact-via.de

Inhalt

Vorwort

Dass Lernen nicht erst mit dem Schuleintritt beginnt, ist allen Eltern klar. Viele von ihnen fragen sich allerdings, in welcher Weise sie ihr Kind in den ersten Lebensjahren fördern sollen, ohne ihm die Unbefangenheit der frühen Kindheit zu nehmen. In diesem Buch erhalten Sie zahlreiche Anregungen, wie Sie Ihren Sprössling von der Geburt bis ins Vorschulalter in allen wichtigen Entwicklungs- bzw. Begabungsbereichen gezielt unterstützen können. Sie lernen eine Art der Förderung kennen, die sich die natürlichen Bedürfnisse des Kindes zunutze macht – seine Neugier, seine Fantasie und seinen Entdeckungsdrang. Egal, ob es sich um das Sprechenlernen, die Ausbildung der Sinne, die Denkentwicklung, das Trainieren bestimmter Bewegungsabläufe oder den Umgang mit anderen Kindern handelt, mithilfe der richtigen Spielideen lassen sich in diesem Alter die größten Fortschritte erzielen. Zudem wird durch gemeinsames Malen, Singen, Tanzen, Geschichtenerzählen und Rätsellösen die Eltern-Kind-Beziehung positiv beeinflusst. Gleichzeitig erfahren Sie, wann sich Ihr Kind neben seinen unmittelbaren Bezugspersonen gleichaltrige Spielkameraden suchen sollte und wie Sie diese Entwicklung unterstützen können. Jeder Entwicklungsbereich wird Ihnen in einem eigenen Kapitel vorgestellt. Die fachlich fundierten und in einer leicht verständlichen Sprache formulierten Erklärungen sind immer wieder durch konkrete Spielideen sowie interessante Tipps und Hinweise unterbrochen.

Ungefähre Altersangaben erleichtern Ihnen die Orientierung, sollten aber nicht als absolute Norm verstanden werden, hat doch jedes Kind seinen eigenen Rhythmus in der Ausbildung dieser grundlegenden Fähigkeiten.

Entwicklung –
Schritt für Schritt

Entwicklung spielend begleiten und fördern

Bildung war und ist immer wieder ein Thema in den Medien und der Politik. Eltern, Pädagogen, Wissenschaftler und Politiker beraten darüber, wie und wann man die Entwicklung grundsätzlicher Fähigkeiten bei Kindern am besten unterstützen und ihre Lern- und Leistungsbereitschaft steigern kann. Vorschulen sind hierbei ein häufig diskutiertes Thema, genauso wie eine frühere Einschulung. Daneben wird aber auch immer wieder darüber gesprochen, was die Eltern selbst tun können, um ihren Kindern gerade in den ersten Lebensjahren eine optimale Förderung zu bieten. Viele Eltern fragen sich: Soll ich mein Kind möglichst früh mit gezielten Programmen auf die späteren schulischen Anforderungen vorbereiten, es mit Wissen füttern und durch systematische Übungen trainieren? Oder ist es besser, seiner Entwicklung freien Lauf zu lassen, um ihm nicht die Unbekümmertheit zu nehmen? Dieses Buch versucht einen Mittelweg anzubieten. Es zeigt auf, dass Eltern auch mit Spiel und Spaß die Entwicklung Ihres Sprösslings gezielt fördern können. Die grundlegenden Informationen darüber, wann die einzelnen Entwicklungen stattfinden, können Ihnen dabei helfen, Ihrem Kind interessante und passende Anregungen für seine Entwicklung zu geben.

Was wir über Entwicklung wissen

Wenn wir von der Entwicklung eines Menschen sprechen, meinen wir die Vielzahl von Veränderungsprozessen, die jeder Einzelne im Laufe seines Lebens durchmacht. Diese Veränderungen finden unser gesamtes Leben hindurch statt – besonders umfassend, rasch und auch intensiv jedoch in den ersten Lebensjahren.

Entwicklung verläuft in Stufen

In den ersten Wochen, Monaten und Jahren seines Lebens entwickelt sich ein Kind in der ständigen Auseinandersetzung mit seiner Umwelt. Die Erfahrungen, die es hierbei macht und die Informationen, die es mit seinen Sinnen aufnimmt, werden registriert und gespeichert und sorgen im Gehirn dafür, dass sich die dort vorhandenen Nervenzellen auf vielfältige Weise miteinander verknüpfen. Durch Wiederholungen bestimmter Handlungen, Wörter und Sinneseindrücke werden diese Verknüpfungen gefestigt. Das so entstehende Netzwerk, das die Grundlage für alles weitere Lernen bildet, wird umso ausgefeilter und differenzierter, je mehr Sie sich mit Ihrem Kind beschäftigen und es in altersgerechter Weise anregen. Die Entwicklung eines Menschen verläuft in Stufen, deren Reihenfolge mehr oder weniger festgelegt ist. Dabei baut jeweils eine Stufe auf der anderen auf. Ein Überblick über die typische Abfolge der einzelnen Entwicklungsetappen kann deshalb als Orientierungshilfe dafür dienen, wie weit das eigene Kind fortgeschritten ist und was es noch bewältigen muss. Das durchschnittliche Alter, das auch in den Entwicklungstabellen dieses Buches angegeben wird, soll allerdings keine starre, normative Vorgabe sein, sondern lediglich dazu dienen, eventuelle Verzögerungen in der Entwicklung möglichst frühzeitig zu erkennen und in diesen Fällen mit dem Kinderarzt Rücksprache zu halten. Unterschiede in der Entwicklung sind jedoch völlig normal und gleichen sich innerhalb der ersten Lebensjahre wieder aus.

Entwicklung verläuft ganzheitlich

In diesem Buch sind die verschiedenen Entwicklungsbereiche, wie z. B. die Wahrnehmung, die Motorik oder die Sprache, in einzelne Kapitel aufgeteilt, damit die dort stattfindenden Veränderungen und Förderungsmöglichkeiten besser beschrieben und dargestellt werden können. Tatsächlich sind die einzelnen Entwicklungsbereiche aber untrennbar miteinander verbunden. Sie beeinflussen und bedingen sich gegenseitig. So kann beispielsweise ein Kind seine sozialen Fähigkeiten nur dann optimal weiterentwickeln, wenn es auf dem sprachlichen Sektor schon bestimmte Kompetenzen erworben hat, die ihm dabei helfen.

Entwicklung verläuft individuell

Es gibt zwar bestimmte Stufen oder Phasen, die alle Kinder in ihrer Entwicklung durchlaufen, trotzdem hat jedes Kind seinen eigenen, einzigartigen Entwicklungsverlauf. Alle Kinder unterscheiden sich voneinander: Das eine spricht beispielsweise schon sehr früh, braucht aber etwas länger, bis es seine ersten Schritte macht, während ein anderes schon mit einem Jahr durchs Zimmer läuft, sich aber mit dem Sprechen noch etwas Zeit lässt. Ein drittes Kind überspringt vielleicht sogar eine Entwicklungsstufe, indem es z. B. gar nicht erst lernt zu krabbeln, sondern gleich mit dem Laufen beginnt.

INFO

Sensible Phasen

Viele Wissenschaftler nehmen an, dass für das Erlernen bestimmter Fähigkeiten sogenannte „sensible Phasen" existieren, in denen die Kinder für spezielle Lerninhalte in optimaler Weise aufnahmebereit und empfänglich sind. Wenn Ihr Kind in einer dieser Phasen die entsprechenden Angebote und Reize bekommt, kann es die betreffende Fähigkeit, spielend leicht erwerben. Wird die Phase jedoch verpasst, ohne dass Ihr Sprössling die nötige Förderung bekommen hat, wird er es später viel schwerer haben, die entsprechende Fähigkeit auszubilden.

Welche Bedeutung hat das Spielen?

Alle Kinder haben einen angeborenen Drang zu spielen. Auf diese Art und Weise lernen sie die Welt kennen. Schon von klein auf zeigen sie ein starkes Bedürfnis, verschiedene Verhaltensweisen auszuprobieren. Die kleinen Forscher finden dabei unendlich viele Dinge interessant, die Erwachsene schon lange nicht mehr hinterfragen. Sie wollen alles entdecken, anfassen, erklärt bekommen und möglichst selbst ausprobieren, was sie damit machen können. Spielen ist daher keine Zeitverschwendung und eigentlich auch kein reines Freizeitvergnügen, sondern die Hauptaufgabe von Kindern im Vorschulalter. Durch das Spiel

werden die verschiedensten Fähigkeiten trainiert, eingeübt und getestet. Je mehr Möglichkeiten ein Kind zum Spielen hat, desto ausgeglichener, selbstbewusster und kompetenter wird es sein. Beim Spielen lernt ein Kleinkind bereits, aufmerksam zu sein, sich zu konzentrieren, sich an Regeln zu halten und an einer Sache festzuhalten. Diese Fähigkeiten werden ihm in seinem späteren schulischen und beruflichen Leben auf jeden Fall zugutekommen! Insofern ist das Spiel nicht eine Vorstufe des Lernens, sondern eine wichtige Methode des Wissenserwerbs.

Gezielte Förderung

Als Eltern können Sie Ihr Kind am besten dadurch unterstützen, dass Sie von Anfang an seine Entwicklung beobachten und begleiten. Auf diese Weise werden Sie schon sehr bald ein Gespür dafür entfalten, welche Anregungen und Reize angemessen sind. Versuchen Sie nicht, einzelne Funktionsbereiche, z. B. das Lesenlernen, isoliert zu trainieren! Entwicklung läuft ganzheitlich ab und dem sollte gerade die frühe Förderung Rechnung tragen. Wenn Ihr Kind beim Spielen im Umgang mit verschiedenen Gegenständen, Materialien und Menschen Erfahrungen sammeln kann, wird

ihm das auf allen Gebieten weiterhelfen. Im Folgenden sind einige Punkte hervorgehoben, die Sie bei der Förderung Ihres Sprösslings beachten und auch bei der Lektüre dieses Buches immer im Auge behalten sollten:

❍ Kinder brauchen Liebe und Zuwendung, um sich entwickeln zu können. Wenn Sie von Anfang an die Bedürfnisse Ihres Kindes nach Wärme, Nähe, Fürsorge und Geborgenheit befriedigen, dann wird es voller Vertrauen in ein immer selbstständigeres Leben starten.

❍ Respektieren Sie Ihr Kind als eine eigene, einzigartige und wertvolle Persönlichkeit! Dadurch lernt es, sich selbst wertzuschätzen – eine Voraussetzung zum Glücklichsein.

❍ Verfolgen Sie in der Förderung keine eigenen ehrgeizigen Ziele! Es soll dabei um das Kind gehen, nicht um Ihre Vorstellungen und die Verwirklichung Ihrer Wünsche. Schenken Sie Ihrem Kind Aufmerksamkeit und versuchen Sie, sich in seine Bedürfnisse einzufühlen und seine Wünsche zu erahnen.

❍ Vergleichen Sie Ihr Kind nicht mit anderen! Geraten Sie nicht in Panik, wenn ein gleichaltriges Kind bereits Einwortsätze spricht, während Sie bei Ihrem Kind nur mit viel gutem Willen ein „Mama" heraushören können. Jeder Mensch ist anders und sollte das Recht haben, sich ohne Zeitdruck und ohne Termine entwickeln zu dürfen, denn die Entwicklung verläuft bei jedem Kind individuell.

❍ Geben Sie Ihrem Kind viel Freiraum, aber setzen Sie klare Grenzen! Wenn Kinder zu stark eingeschränkt werden, dann hemmt das ihre ungezwungene Neugier, ihren Mut und ihre Offenheit. Sie brauchen allerdings auch einige feste und sinnvoll begründete Regeln, an denen sie sich orientieren können und die ihm Halt in ihrem Alltag geben.

❍ Lassen Sie Ihr Kind selbstständig werden! Vermitteln Sie ihm dabei das Gefühl einer sicheren Basis, zu der man im Notfall zurückkehren kann. Ermutigen Sie es in seinem Drang nach Selbstständigkeit und Unabhängigkeit, sodass es sich den Herausforderungen des Lebens stellt und ein selbstständiger und selbstdenkender Mensch wird, der sein Leben in die Hand nimmt.

Das Tor zur Welt - Wahrnehmung

Mit allen fünf Sinnen die Welt entdecken

Um mit der Umwelt in Kontakt zu treten, nutzen Menschen ihre fünf Sinne. Die Fähigkeit der Wahrnehmung verlangt jedoch mehr als das bloße Funktionieren der Sinnesorgane. Sind die unterschiedlichen Reize, die von unserer Umwelt ausgehen, von den Sinneszellen aufgenommen und in Informationen umgewandelt worden, müssen sie erst noch zum Gehirn weitergeleitet, dort erfasst und verarbeitet werden. Erst danach nehmen Menschen ein längliches Rechteck mit drei farbigen Kreisen wahr und ordnen es aufgrund ihrer Erfahrungen als Ampel

ein! Für alle Kinder gilt daher: Je intensiver sie ihre angeborene Wahrnehmungsfähigkeit nutzen, trainieren und ausbauen, desto besser werden sich ihre motorischen, geistigen, sprachlichen und sozialen Fähigkeiten entwickeln.

Sehen

Untersuchungen von Neugeborenen haben gezeigt, dass sie nach der Geburt bis zu einer Distanz von etwa 20 Zentimeter gut sehen können. Das entspricht ungefähr dem Abstand, den die Augen des Babys beim Stillen zu denen seiner Mutter haben. Innerhalb dieses Bereichs können die Kleinen nicht nur Hell und

Dunkel, sondern auch einige Farben unterscheiden. Wenn ein Baby auf die Welt kommt, ist auch seine Augenmuskulatur schon so weit entwickelt, dass es einen Gegenstand anschauen und ihm mit den Augen folgen kann. Die ebenfalls schon vorhandenen Reflexe ermöglichen die dafür nötigen Bewegungen. All diese Grundlagen versetzen ein Neugeborenes in die Lage, Dinge nicht nur passiv aufzunehmen, sondern aktiv nach neuen Reizen zu suchen. Obwohl Babys bei ihrer Geburt schon vieles von dem mitbringen, was für das Sehen nötig ist, muss diese Fähigkeit noch stark verbessert werden. Dazu gehört, dass Kinder erst nach und nach lernen, die Anpassung der Augen an unterschiedliche Entfernungen zu perfektionieren, interessante Dinge länger zu fixieren sowie die Augen- und Kopfbewegungen aufeinander abzustimmen.

Sehförderung im Alltag

Versuchen Sie, das Umfeld Ihres Kindes sinnlich und abwechslungsreich zu gestalten. Dabei kommt es nicht auf die Menge der angebotenen Reize an. Ein zu breites Angebot bewirkt im Gegenteil oft, dass Kinder von den Eindrücken „überrollt" werden und sich nicht mehr auf Einzelheiten konzentrieren können. Ein sich bewegendes Mobile über dem Bettchen, ein paar kräftig bunte Spielsachen und Ihr Gesicht, das lacht, spricht und eine abwechslungsreiche Mimik zeigt, reichen für den Anfang völlig aus. Interessant sind für Säuglinge v. a. Hell-Dunkel-Kontraste und sich bewegende Objekte. Je älter ein Kind wird, desto mehr Reize sollte es aus seiner Umgebung und der Natur bekommen. Diese benötigt Ihr Kind für seine weitere Entwicklung.

Die Augen offen halten – Spielideen

Indem Sie die visuelle Wahrnehmung Ihres Kindes spielerisch anregen, fördern Sie seine Entwicklung in allen Bereichen. Hier sind einige Anregungen,

Spielidee

Formen-Lotto
Benötigte Materialien: Bausteine in verschiedenen Formen wie Würfel, Pyramide, Kugel, Zylinder. Sie brauchen von jeder Form zwei Bausteine. Zeigen Sie Ihrem Kind zunächst einen Baustein, geben Sie ihn dann in seine Hand und sagen Sie: „Das ist eine Pyramide. – Wo ist die andere Pyramide?" Wenn Ihr Kind das noch nicht selbst kann, helfen Sie ihm und zeigen ihm die andere Form.

die Ihnen dabei helfen können: Der Vorschlag von S. 13 ist ein Spiel, das v. a. die Fähigkeiten der Formwahrnehmung und -unterscheidung sowie die Aufmerksamkeit und die Konzentrationsfähigkeit fördert. Für Kinder ab ein bis zwei Jahren.

Spielidee

Ich bin dein Spiegelbild

Zwei Mitspieler stehen sich gegenüber. Einer von ihnen führt beliebige Bewegungen aus. Der Partner verhält sich dabei so, als sei er sein Spiegelbild. Er versucht, mit möglichst wenig Verzögerung die Bewegungen seines Gegenübers nachzuahmen.

Das Spiel oben regt dazu an Bewegungen zu beobachten und rasch nachzuahmen. Für Kinder ab drei Jahren.

Hören

Das Brummen eines Autos, das Rauschen von Bäumen im Wind, die Musik aus den Kaufhauslautsprechern oder die Stimme der Nachbarin – ständig sind wir von Geräuschen umgeben, die uns etwas über die Welt, andere Menschen und uns selbst mitteilen. Die Fähigkeit zu hören ist nicht zuletzt von großer Be-deutung für die problemlose Entwicklung der Sprachfähigkeit. Was wir gemeinhin als „Ohr" bezeichnen, ist eigentlich nur der äußere Teil dieses Sinnesorgans, der wie ein Trichter die Schallwellen sämtlicher Geräusche durch den Gehörgang nach innen leitet. Am Ende des Gehörgangs treffen die Wellen auf das Trommelfell, das dadurch zum Schwingen gebracht wird. Es ist gleichzeitig der Eingang zur Kammer des Mittelohrs. Dort werden die Schallwellen von den Gehörknöchelchen aufgenommen und an die „Schnecke" im Innenohr weitergegeben. Hier befinden sich die eigentlichen Sinneszellen, die die Schwingungen in bestimmte Informationen umwandeln, die über den Hörnerv zum Gehirn gelangen.

Musikpädagogik: So klingt Spaß!

Tanzen, singen, hüpfen, lauschen, summen: Musik klingt nicht nur gut, sie tut auch gut. Musik, Melodien und Klänge werden in der musikalischen Früherziehung eingesetzt, um das gesamte Aufmerksamkeitsspektrum des Kindes anzusprechen und zu fördern. Im erlebnispädagogischen Ansatz geht es dabei weniger darum, dem Kind beizubringen, ein bestimmtes Instrument zu spielen, sondern vielmehr um den Einfluss von Musik, Klängen und Liedern auf die kindliche Entwicklung. Durch die Musik werden Kinder motiviert, sich körperlich zu bewegen, Kontakt zu anderen Kindern aufzubauen, Bewegungsfantasien zu einwickeln und in rhythmische Bewegungsformen umzusetzen. Neben dem Körpergefühl werden auch die Sinne geschult: Studien haben gezeigt, dass Kinder, die früh ein musikalisches Gespür entwickeln, sich oft auch besser konzentrieren können und eine lebhaftere Kreativität entwickeln.

Musikpädagogische Erziehungsformen eignen sich für Kinder aller Altersstufen. In den frühen Jahren lassen sich Musikspiele leicht in den Alltag integrieren. Hören Sie einfach gemeinsam mit Ihrem Kind Musik und tanzen Sie mit ihm. Vermeiden Sie hierfür das Radio. Der häufige Wechsel zwischen Musik und Sprache ist irritierend für die Kleinen. Legen Sie lieber eine CD ein und variieren Sie die Musikrichtungen – schnelle Musik eignet sich zum Tanzen, klassische Lieder zum Kuscheln. Mit älteren Kindern (ab ca. drei Jahren) kann man auch Gruppen für musikalische Früherziehung besuchen. Hier werden organisierte Musikspiele mit anderen Kindern durchgeführt.

Spielidee

Das Summ-Spiel
Material: CD mit leichten Kinderliedern. Nach einer gewissen Zeit unterbrechen Sie die Musik und fordern Ihr Kind auf, die Melodie allein weiter zu summen. Bei kleineren Kindern kann man wie folgt vorgehen: Summen Sie selbst eine einfache Melodie vor und fordern Sie das Kind auf einzustimmen oder die Melodie nachzusummen. Für Kinder von drei bis fünf Jahren.

Stetiger Fortschritt von Geburt an

Es ist heute bekannt, dass Babys schon im Mutterleib hören können. Gefiltert durch das Fruchtwasser nehmen sie neben dem Herzschlag, den Körpergeräuschen und der Stimme der Mutter auch Musik und andere Umweltgeräusche wahr. In wissenschaftlichen Tests hat sich gezeigt, dass Neugeborene bereits in der Lage sind, die Stimme ihrer Mutter von anderen zu unterscheiden. Die Kopfdrehung in die Richtung, aus der das Geräusch kommt, erfolgt am Anfang noch reflexartig, wird jedoch mit zunehmender Reifung und Entwicklung des Gehirns immer bewusster eingesetzt. Mit etwa dreieinhalb bis vier Monaten beginnt das Kind, sich stärker für Geräusche zu interessieren und aktiv zu lauschen. Diese Konzentration und Aufmerksamkeit ist für die Sprachentwicklung von größter Bedeutung. Nach und nach merkt sich ein Kind Geräusche und kann sie wiedererkennen. Seine Fähigkeit, verschiedene Laute zu unterscheiden, wächst und es beginnt, einzelnen Tönen oder Geräuschen eine Bedeutung zuzuschreiben. Bis ungefähr gegen Ende des ersten Lebensjahres drehen Kinder immer zuerst ihren Kopf ganz, bevor sie anschließend die Augen in die Richtung der Geräuschquelle richten. Im weiteren Verlauf der Entwicklung lernen sie, die Bewegungen gezielter auf die Richtung des Gehörten abzustimmen. Zwischen eineinhalb und zwei Jahren haben Kinder bereits ein gutes Hörgedächtnis entwickelt und können sich bekannte Laute oder Geräusche vorstellen. Um den zweiten Geburtstag herum hört ein Kind kurzen Geschichten interessiert zu. Bis zum Alter von fünf Jahren werden Sprachverständnis, aufmerksames Zuhören und die Verbindung von Gehörtem mit der entsprechenden Reaktion weiter verfeinert. Das folgende Spiel macht Spaß am Produzieren von unterschiedlichen Geräuschen. Es ist für Kinder ab zwei Jahren geeignet.

INFO

Menschliche Stimmen

An der frühen Hörfähigkeit zeigt sich, dass der Mensch von Geburt an, auf den Aufbau sozialer Beziehungen ausgerichtet ist. So lässt sich bei Neugeborenen generell eine deutlich ausgeprägte Vorliebe für menschliche Stimmen nachweisen. Außerdem können sich Babys schon wenige Stunden nach ihrer Geburt auf ihr menschliches Gegenüber einstellen, indem sie ihre Bewegungen dem Sprechmuster ihrer Bezugsperson anpassen.

Spielidee

Topf-Schlagzeug

Material: Verschieden große Töpfe, Schüsseln, Plastikbecher, zwei lange Kochlöffel. Bauen Sie mit Ihrem Kind ein Schlagzeug aus Töpfen, Schüsseln und Bechern auf. Mit den Kochlöffeln als Trommelstöcke erzeugen Sie die Geräusche. Zeigen Sie Ihrem Kind, dass man sowohl laut als auch leise oder im Rhythmus trommeln kann..

Das folgende Spiel fordert Aufmerksamkeit und Reaktionsvermögen – Fähigkeiten, die auch in der Schule gefragt sind. Für Kinder ab vier Jahren.

Spielidee

Reizwortgeschichten

Sie erzählen eine selbst ausgedachte Geschichte. Bei einem bestimmten Wort wird eine vorher vereinbarte Handlung ausgeführt. Beispielsweise sagen Sie Ihrem Kind: „Immer wenn du das Wort ‚Berg' hörst, musst du auf den Stuhl steigen, beim Wort ‚Hase' hüpfst du in die Höhe." Wenn Sie das Spiel öfter durchführen, werden Sie sehen, dass Ihr Kind immer besser aufpasst und schneller reagiert.

Tasten und Fühlen

Streicheln, Kitzeln, Zwicken – alle Wahrnehmungen, die mit Berührung zusammenhängen, spielen in unserem Leben eine bedeutende Rolle. Die Haut ist unser größtes Sinnesorgan. Sie besitzt zahlreiche, besonders sensible Sinneszellen und Sensoren, die mit Berührung verbundene Reize an unser Gehirn weiterleiten. An den Fingerspitzen, den Lippen und der Zungenspitze sitzen besonders viele Drucksinneszellen, die diese Stellen sehr sensibel für Berührungen machen. Neben Berührungen nehmen wir mit unserer Haut auch Schmerz, Wärme und Kälte wahr.

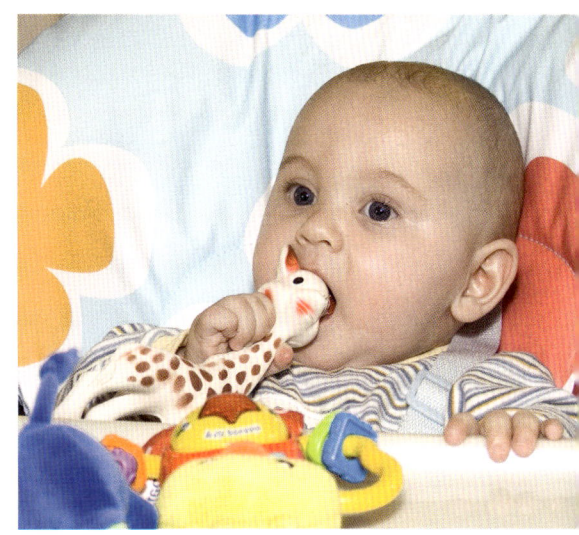

Berühren und berührt werden

Berührungsreize stellen für ein Neugeborenes den unmittelbarsten und intensivsten Kontakt zur Welt her. Schon in den ersten Lebenswochen reagiert ein Säugling auf Berührung, indem er z. B. das Bein an den Körper zieht. Auch die ersten Reflexe, werden oft durch Berührungen ausgelöst (vgl. Kap. 3; Motorik). So dreht das Baby seinen Kopf, um die mütterliche Brust zu finden, wenn es an der Wange berührt wird oder es krümmt die Zehen, wenn ihm jemand über die Fußsohle streicht. Auffällig ist, dass Säuglinge alle Gegenstände, die sie in ihre Finger bekommen, erst einmal in den Mund stecken. Sie befühlen dann mithilfe der Lippen und Zunge die Beschaffenheit der unterschiedlichen Gegenstände. Wenn sich in der Folgezeit das Gehirn, das zentrale Nervensystem sowie die Fähigkeit zu greifen weiter ausbilden, entwickelt sich auch das Gefühl in den Fingerspitzen. Dann sind die jungen Entdecker nicht mehr nur auf ihren Mund angewiesen, sondern können auch die Finger dazu benutzen, einen unbekannten Gegenstand zu befühlen. Indem sie ihn berühren und evtl. in die Hand nehmen, erfahren sie etwas über seine Oberflächenstruktur, das Material, die Form und Größe. Neben dem Bild, das wir über die Augen aufnehmen, wird in unserem Gehirn noch ein weiteres Bild gespeichert, das Informationen darüber enthält, wie sich ein bestimmter Gegenstand anfühlt. Letzteres kann uns z. B. dabei helfen, im Dunkeln unseren Haustürschlüssel in einer vollen Handtasche zu finden.

Wenn kleine Kinder weinen, lassen sie sich am besten dadurch beruhigen, dass sie von Mama oder Papa in den Arm genommen, getröstet und gestreichelt werden. Überhaupt braucht Ihr Kind viele Berührungen und Zärtlichkeit, damit sich sein Tastsinn entwickeln kann. Während des ersten Lebensjahres lernt es z. B. zwischen flächigen und punktuellen Berührungen zu unterscheiden. Es macht auch die Erfahrung, dass Berührungen einmal kräftig und fest, ein anderes Mal sanft und zart sein können. Da diese Erlebnisse immer mit der eigenen Körperlichkeit verknüpft sind, helfen sie ihm dabei, nach und nach ein Bewusstsein für sich selbst und seinen Körper zu bekommen. Körperkontakt ist auch für die Eltern-Kind-Beziehung sehr wichtig. Wenn Sie Ihr Kind anfassen, streicheln, küssen und mit ihm schmusen, vermitteln Sie ihm eine vertrauensvolle, sichere, warme und geborgene Atmosphäre, die eine ideale Ausgangsbasis für seine Gesamtentwicklung ist.

TIPP

Schlummerwirkung

Die Massage hat in der Regel eine entspannende Wirkung. Gehört Ihr Baby also zu den Kindern, die abends schlecht einschlafen, dann können Sie die Massage durchaus in die Abendstunden verlegen. Beginnen Sie etwa eine Stunde vor der Bettzeit Ihres Babys, denn dann kann es die Massage noch genießen, zugleich aber die „Schlummerwirkung" nutzen und wahrscheinlich entspannter in den Schlaf finden.

Während der ersten Jahre erleben Kinder ihre Umwelt, indem sie nach Gegenständen greifen, sie halten und intensiv befühlen. Beim Kneten, Malen und Wasserplantschen erfahren die kleinen Forscher etwas über die Konsistenz, die Temperatur, die Form und die sonstige Beschaffenheit der Stoffe. Der Tastsinn wird dabei wechselseitig sowohl mit den anderen Sinnen als auch mit den motorischen Bewegungsabläufen koordiniert. Wie sich die betreffenden Fähigkeiten sowohl parallel als auch miteinander verknüpft entwickeln, lässt sich an folgendem Beispiel nachvollziehen: Ein Kind sieht einen Apfel in der Obstschale liegen, der seine Aufmerksamkeit erregt. Es läuft auf die Schale zu, greift hinein und nimmt den Apfel.

Die Muskeln melden dabei eine geringe Anspannung von Arm- und Handmuskulatur an das Gehirn, denn der Apfel ist nicht sehr schwer. Beim Anschauen stellt das Kind die rot-gelbe Farbe und die glatte Oberfläche fest. Letztere hat es auch schon gefühlt, als es den Apfel in die Hand genommen hat. Das Kind führt jetzt den Apfel mit der Hand zur Nase, um daran zu schnuppern. Dann beißt es hinein. Dabei nimmt es sowohl das satte Geräusch des Reinbeißens als auch die Konsistenz und den typischen Geschmack des Apfels wahr.

An diesem einfachen und alltäglichen Vorgang sehen Sie: Wahrnehmung verlangt vollen Körpereinsatz!

Gefühl ist Trumpf – Spielideen

Es folgen einige Spiele, mit denen Sie Ihr Kind bei der Entwicklung und Verbesserung seines Tastsinnes unterstützen können. Durch intensiven Körperkontakt wird auch die Eltern-Kind-Bindung gefördert. Bei dem ersten Spiel können Kinder verschiedene Berührungen mit positiven und angenehmen Empfindungen verbinden. Für Kinder ab einem Jahr.

Spielidee

Kille, Kille – Kitzelspiel

Kitzeln und zwicken Sie Ihr Kind sanft an verschiedenen Körperstellen: am Bauch, unter den Armen, an den Füßen und am Rücken. Das macht Spaß und vermittelt ihm ein Gefühl für den eigenen Körper!

Beim nächsten Spiel sind Konzentration und abstraktes Denken gefragt. Der Körperkontakt wirkt gleichzeitig entspannend und schafft Nähe. Für Kinder ab vier Jahren.

Spielidee

Ein Bild auf dem Rücken

Malen Sie Ihrem Kind mit dem Zeigefinger ein einfaches Bild auf den Rücken, z. B. eine Sonne, einen Baum oder eine Wolke. Der Fantasie sind keine Grenzen gesetzt. Nun kann es versuchen zu erraten, was Sie gemalt haben.

Beim letzten Spiel geht es darum, die unterschiedliche Beschaffenheit von Gegenständen zu ertasten. Für Kinder ab drei Jahren.

Spielidee

Geheimnisvoller Fühlkarton

Material: Schuhkarton mit Deckel, in dessen Seitenwand eine Öffnung zum Hineingreifen geschnitten wurde, und verschiedene Gegenstände, z. B. Kastanie, Ei, Walnuss, Wattebausch, Büroklammer, Kerze, Knopf, Zopfgummi, Spielzeugauto usw. Legen Sie mit Ihrem Kind zusammen verschiedene Gegenstände, die sie vorher gemeinsam angeschaut, benannt und besprochen haben, in den Karton. Anschließend wird der Deckel des „Fühlkartons" geschlossen und Ihr Kind kann durch das Greifloch hineinfassen und versuchen, die Dinge zu ertasten. Wenn es glaubt, einen Gegenstand erkannt zu haben, darf er herausgeholt werden.

Riechen und Schmecken

Schon bei der Geburt können Kinder riechen und schmecken. Ein Neugeborenes hat sogar so ein feines Näschen, dass es seine Mutter bereits nach wenigen Tagen am Geruch erkennen kann. Aromen nehmen wir beim Einatmen durch die Nase automatisch mit auf. Die Sinneszellen dafür befinden sich im oberen

Teil der Nasenhöhle und sie leiten die aufgenommenen Informationen an das Riechzentrum im Gehirn weiter. Dort wird eine Art „Riechgedächtnis" aufgebaut, das uns befähigt, bekannte Düfte zu identifizieren. Fremde Gerüche nehmen wir dementsprechend stärker wahr, weil wir sie noch nicht zuordnen können. Der Geruchssinn kann uns sogar vor Gefahren bewahren, wenn wir z. B. etwas Giftiges, Verdorbenes oder Verbranntes riechen. In seinen ersten Lebensjahren entwickelt ein Kind die Fähigkeit zu riechen dadurch, dass Gegenstände beschnuppert werden. In seinem Gedächt-

nis werden Geruchs- und Geschmacksbilder mit den Gefühlen verbunden, die es in der jeweiligen Situation erlebt hat.

INFO

Untrennbare Sinne

Der Geruchssinn ist beim Essen von größerer Bedeutung als der Geschmackssinn. Wie untrennbar diese beiden Sinne miteinander verbunden sind, merkt man z. B. daran, dass bei einem Schnupfen selbst das leckerste Essen nach gar nichts schmeckt.

TIPP

Essen ohne Zwang

Der Geschmacks- und der Geruchssinn von Kindern sind noch sehr empfindlich. Das Essen sollte deshalb nicht zu stark gewürzt werden. Zudem zeigen viele Kinder eine Abneigung gegen bestimmte Lebensmittel wie Rosenkohl oder Zwiebeln. Sie sollten Ihr Kind zwar dazu ermutigen, Verschiedenes zu probieren, aber keinesfalls zwingen! Nur in einer lockeren Atmosphäre ohne Druck lernen Kinder, gern und mit Genuss zu essen!

Je vielfältiger dabei das Angebot an verschiedenen Erfahrungen ist, desto differenzierter und feiner wird seine Riechfähigkeit ausgebildet.
Die Sinneszellen des Geschmackssinnes befinden sich hauptsächlich auf unserer Zunge. Sie werden „Geschmacksknospen" genannt und mit ihrer Hilfe können wir vier Hauptgeschmacksrichtungen wahrnehmen: süß, salzig, sauer und bitter. Diese können schon von Neugeborenen unterschieden werden. Zusammen mit dem Geruchssinn wird das Essen und Trinken für das Kind zu einem Geschmackserlebnis, das als Geschmacksbild im Gehirn gespeichert wird.

Mund und Nase auf, Augen zu! – Spielideen

Die nachfolgenden Spiele sind als Beispiele dafür gedacht, wie man Kinder dabei unterstützen kann, möglichst vielfältige, sinnliche Erfahrungen zu sammeln und im Gedächtnis zu speichern. Wenn Ihr Sprössling dabei verschiedene Gerüche und Geschmackserlebnisse beschreiben muss, dann entwickelt sich gleichzeitig der Wortschatz des kleinen Gourmets und

Spielidee

Geschmackstester

Material: Teller mit verschiedenen Nahrungsmitteln, z. B. Schokolade, Banane, Wurst, Käse, Erdbeermarmelade, Paprika, Schlagsahne, Karotte, Weintraube, Tuch zum Verbinden der Augen. Zeigen Sie Ihrem Kind zunächst die verschiedenen Proben auf dem Teller und besprechen Sie, wie die einzelnen Lebensmittel heißen. Lassen Sie es dann mit verbundenen Augen nacheinander die Lebensmittel testen. Dann soll Ihr kleiner Feinschmecker erraten, was er gerade im Mund hat. Zwischen den einzelnen Proben geben Sie Ihrem Kind am besten einen Schluck Wasser zu trinken, um den vorherigen Geschmack zu neutralisieren. Für Kinder ab vier Jahren.

sein Verständnis für bestimmte Bedeu-
tungsinhalte wird erweitert.

Geben Sie Ihrem Kind bei den hier be-
schriebenen Spielen nie etwas Ekliges
oder Übelriechendes als Kostprobe, weil
es sonst unter Umständen jede Lust am
Essen verliert!

Spielidee

Gummibärchen-Pfad

Zeichnen Sie mit der Kreide einen
Weg, der mal nach links, mal rechts
abzweigt. Am Ende dieses Pfades befindet sich das Ziel. Erklären Sie Ihrem
Kind, dass es nach links abbiegen
muss, wenn es ein süßes Gummibärchen in den Mund gesteckt bekommt
und nach rechts, wenn das Gummibärchen sauer ist. Nun werden dem Kind
die Augen verbunden und Sie führen
es die gerade Strecke entlang. Bei
jeder Kreuzung stecken Sie ihm ein
Bärchen in den Mund. Für mehrere
Kinder ab drei Jahren.

Körperwahrnehmung und Gleichgewicht

Nicht nur die Wahrnehmung der Umwelt
ist wichtig, auch die des eigenen Körpers. Dabei spielen verschiedene Sinne
eine Rolle. Neben den sogenannten „tak-
tilen" Sinneszellen der Haut, die bei Berührung jeder Art die entsprechenden
Informationen an das Gehirn weiterleiten, befinden sich kinästhetische Sinneszellen in den tieferen Schichten unseres
Gewebes sowie in den Muskeln, Sehnen
und Gelenken. Sie leiten Informationen
über die Position, die Haltung und die
Bewegungen unseres Körpers an das
Gehirn weiter. So erfahren wir z. B. etwas
über das Gewicht eines Gegenstandes in
unserer Hand, indem der Grad der Mus-

kelanspannung beim Hochheben registriert wird. Dank dieses Stellungs- und Bewegungssinnes wissen Menschen auch mit geschlossenen Augen, ob die Arme gerade gebeugt oder gestreckt sind oder ob der Rücken krumm oder gerade gehalten wird. Außerdem ist dieser Sinn die Grundlage dafür, dass Kinder lernen, Zeit, Raum, Lage und Kraft richtig zu beurteilen.

Alles eine Frage der Balance – Spielideen

Gerade im Bereich der Körperwahrnehmung gibt es eine Menge einfacher Spiele, für die man wenig oder gar keine Zusatzmaterialien braucht, die aber auf große Begeisterung stoßen. Ein Beispiel ist der „Rundflug", bei dem Sie Ihrem Kind unter beide Arme greifen und es im Kreis herumschwingen. Für Kinder ab zwei Jahren.

Auch mit einer zünftigen Kissenschlacht lassen sich die Körperwahrnehmung sowie das Lage-, Bewegungs- und Raumempfinden fördern. Beim Werfen, Hüpfen und Umfallen macht Ihr Kind wichtige Erfahrungen in diesem Bereich.

Das folgende Spiel sorgt dafür, dass Ihr Sprössling eine bessere Kontrolle über seine Körperhaltung gewinnt. Für Kinder ab drei Jahren.

Spielidee

Königliche Hoheit!

Material: Kissen, roter Umhang oder Schal, Stuhl. Stellen Sie den Stuhl in etwa fünf Metern Entfernung als Thron auf. Ihr Kind soll jetzt zur Königin bzw. zum König gekrönt werden. Es bekommt den Umhang umgelegt und das Kissen als Krone auf den Kopf. Nun soll es majestätisch zu seinem Thron schreiten und sich daraufsetzen, ohne dass das Kissen herunterfällt.

Das folgende Spiel ist eine gute Gleichgewichts- und Körperwahrnehmungsübung. Für Kinder zwischen drei bis vier Jahren.

Spielidee

Seiltanz

Material: Seil oder dünnes Brett, zwei aufgeblasene Luftballons. Das Seil bzw. Brett wird in die Mitte des Raumes auf den Boden gelegt. Geben Sie Ihrem Kind in jede Hand einen Luftballon. Nun kann es mit seitlich ausgestreckten Armen über das Seil balancieren ohne „herunterzufallen" und ohne dass die Luftballons wegfliegen!

Immer in Bewegung - Motorik

Leben heißt Bewegung

Versuchen Sie, sich an Ihre schönsten Kindheitserlebnisse zu erinnern. Sind diese nicht fast immer mit Bewegung verbunden? Die Höhepunkte eines Kinderlebens bestehen meist darin, Sandburgen zu bauen, draußen Fangen zu spielen oder in Wasserpfützen zu springen. Der Bewegung kommt in der Entwicklung eine zentrale Bedeutung zu,

weil durch sie Lebensfreude, Aktivität, Sicherheit und Selbstvertrauen gestärkt werden. Wenn Kinder ihren Bewegungsdrang nicht ausleben, erhöht sich das Risiko für Übergewicht sowie physische und psychische Gesundheitsschäden.

Motorik

Mit dem Begriff „Motorik" werden im Allgemeinen alle Bewegungsabläufe bezeichnet. Alltägliche Tätigkeiten erfordern komplizierte Bewegungsabläufe, die einzelne motorische Entwicklungsschritte voraussetzen. Man unterscheidet zwischen der Grobmotorik (Bewegungen von Kopf, Rumpf, Bauch, Becken, Rücken, Schultern, Armen und Beinen) und der Feinmotorik (Bewegungen von Fingern, Zehen, Gesicht und Stimme).

Erste Reflexe

Wenn ein Baby auf die Welt kommt, bringt es bereits einige spezielle Bewegungsmuster mit, die man unter der Bezeichnung „Reflexe" zusammenfasst. Diese werden verlässlich als Reaktion auf bestimmte Reize wie Berührungen und Geräusche ausgeführt. Weil die bei der Geburt bereits vorhandenen Reflexe das Überleben des Babys sichern, prüft der Kinderarzt bei jedem Neugeborenen, ob sie auf beiden Körperseiten gleichmäßig auftreten. Diese Bewegungs- und

Spielidee

Gehirnjogging

Wenn Ihr Baby entspannt in Rückenlage und mit gebeugten Beinen auf dem Wickeltisch liegt, dann führen Sie sanft einen Fuß mit dem Händchen der jeweils anderen Körperseite zusammen. Wiederholen Sie dies entsprechend mit dem anderen Fuß und der anderen Hand. Diese Überkreuzbewegungen sind eine gute Vorübung für das spätere Krabbeln und sie sind auch eine Art Jogging für das kindliche Gehirn, weil sie beide Gehirnhälften stimulieren. Wichtig ist allerdings, dass Sie die Übungen nie gegen den Widerstand des Kindes durchführen! Für Kinder von null bis drei Monaten.

Verhaltensmuster bleiben nur wenige Monate erhalten. Je weiter das Gehirn und das zentrale Nervensystem des Kindes reifen, desto besser kann es sich in seiner ganzen Bewegungsentwicklung neuen Reizen und Umweltbedingungen anpassen. Im rechts stehenden Kasten sind einige dieser lebensnotwendigen Reflexe von Neugeborenen beschrieben.

Der lange Weg zum ersten Schritt

Im Zeitraum zwischen dem dritten oder vierten Lebensmonat und dem ersten Geburtstag entwickelt Ihr Kind viele neue, grundlegende Bewegungsmuster, die es immer wieder übt, verbessert, variiert und schließlich automatisiert. Es lernt zunehmend, seine Muskeln willentlich zu steuern, Bewegungen gezielt auszuführen und seine Wahrnehmungen mit den Bewegungen zu koordinieren. All diese Fähigkeiten brauchen Kinder, um ihre Umwelt besser erkunden und erleben zu können.

Haltung und Kopfkontrolle

Eine der wichtigsten Aufgaben in diesem Lebensabschnitt ist es, die Kontrolle über die Haltung des Kopfes und den restlichen Körper zu erwerben. Bereits in den ersten Lebenswochen können

Säuglinge ihr Köpfchen ein wenig anheben, allerdings nur sehr kurz. Ungefähr

INFO

Die wichtigsten Reflexe von Neugeborenen

Suchreflex: etwa bis zum dritten Monat vorhanden. Das Baby dreht immer dann, wenn es an der Wange berührt wird, sein Köpfchen mit einer Suchbewegung in die Richtung der Berührung.

Saugreflex: etwa bis zum dritten Monat vorhanden. Das Baby beginnt zu saugen, wenn etwas seine Lippen berührt.

Schluckreflex: wenn die Milch den hinteren Teil der Zunge berührt; wird die Luftröhre verschlossen, damit sich das Baby beim Trinken nicht verschluckt.

Schreitreflex: etwa bis zum zweiten Monat vorhanden. Wenn ein Fuß des aufrecht gehaltenen Babys die Unterlage berührt, hebt es den anderen Fuß an, als ob es gehen wollte.

Stehreflex: etwa bis zum vierten Monat vorhanden. Wenn das Baby aufrecht gehalten wird und seine Füße die Unterlage berühren, versteift es seine Beine.

mit einem Vierteljahr können Babys ihren Kopf selbst hoch halten. Legt man sie auf den Bauch, gelingt es ihnen, ihr Köpfchen anzuheben und nach vorne Ausschau zu halten. In dieser Zeit beginnt sich auch die Haltung des übrigen Körpers zu verändern. Während für Neugeborene eine „runde", gebeugte Körperhaltung mit gekrümmten Gelenken, angezogenen Armen und Beinen sowie zu Fäusten geballten Fingern typisch ist, gelingt es dem Kind jetzt mehr und mehr, die Gelenke und Gliedmaßen zu strecken.

Rollen, drehen, sitzen

Nach und nach lernt das Baby auch, sich zunächst vom Bauch auf den Rücken zu rollen, etwas später auch umgekehrt. Mit fünf bis sechs Monaten fängt es dann an, sich ganz bewusst zu drehen, indem es die Bewegungen von Schultern und Becken aufeinander abstimmt. Damit hat es die Möglichkeit, aktiv auf seine Umwelt einzuwirken. Etwa mit einem halben Jahr hat das Kind genug Kraft und Haltungskontrolle, um frei zu sitzen. Auch kann es zunehmend beide Hände benutzen, um z. B. in der einen ein Spielzeug festzuhalten und mit der anderen nach etwas Neuem zu greifen. Die Drehbewegungen werden weiter verbessert, bis das Kind etwa im Alter von neun bis zehn Monaten beginnt, sich allein aufzusetzen. Dafür kann es die vorher eingeübten Fähigkeiten einsetzen.

Spielidee

Armgymnastik

Beugen Sie die Arme Ihres Babys und kreuzen Sie sie anschließend über seiner Brust. Wenn Sie Ihren kleinen Liebling dann sanft zur einen und zur anderen Seite drehen, helfen Sie, die späteren Drehbewegungen vorzubereiten.

Kriechen, Krabbeln, Stehen, Laufen

Wenn Ihr Kind Platz und Bewegungsfreiheit hat, wird es sich bewegen: Kriechend auf dem Bauch oder krabbelnd auf allen Vieren. Beim Krabbeln trainieren sie die Arm- und Beinmuskeln, üben, das Gleichgewicht zu halten und erweitern ihr Blickfeld.

An beiden Händen festgehalten machen Kinder bereits erste Gehbewegungen und versuchen, ihr Gewicht mit den Beinen auszubalancieren. Wann die ersten Schritte ohne Hilfe gemacht werden, ist von Kind zu Kind sehr unterschiedlich. Einjährige können in der Regel an der Hand schon relativ flott gehen.

Die Mutigeren unter ihnen können bereits frei stehen und wagen die ersten selbstständigen Schritte: zuerst noch ziemlich wacklig, mit breit auseinander gestellten Beinen und nach vorn geneigtem Oberkörper. Viele Kinder sind aber etwas vorsichtiger und wollen sich durch Krabbeln oder Laufen an der Hand zwei oder drei Monate länger Sicherheit verschaffen. Im feinmotorischen Bereich, der sich bei den meisten Kindern im Vergleich zur Grobmotorik etwas langsamer entwickelt, zeichnet sich in diesem Alter ein großer Fortschritt ab: der „Pinzettengriff". Dabei benutzt Ihr Kind zwei gestreckte Finger, um beispielsweise ein kleineres Stofftier zu erwischen.

Spielidee

Krabbel-Landschaft

Bauen Sie aus Decken und Kissen eine Landschaft mit einem kleinen Hügel und einer Wolldecken-Ebene. Ermutigen Sie dann Ihr Kind, den Hügel krabbelnd zu erklimmen und loben Sie den kleinen Bergsteiger, wenn er es geschafft hat! Solch ein Krabbel-Parcours schafft spielerische Anreize dafür, die Muskeln und Geschicklichkeit zu trainieren. Ab elf Monaten.

Bewegung üben und ausprobieren

Die aufrechte Körperhaltung und das Gehen lassen die Hände für verschiedenste Tätigkeiten frei. Im zweiten und dritten Lebensjahr wird von dieser Grundlage aus die Umwelt erobert, wobei auch das Training der feinmotorischen Geschicklichkeit immer wichtiger wird. Im Gehirn des Kindes entstehen mit den neuen Erfahrungen immer komplexer werdende Bewegungsbilder und -muster, die gleichzeitig die Basis für neues Lernen darstellen (vgl. Kap. 4; Kognitive Fähigkeiten).

TIPP

Kindersicherer Haushalt

Je beweglicher Ihr Kind wird, desto mehr Platz sollten Sie ihm zur Verfügung stellen. Um seine Bewegungsfreude auszuleben und neue Erfahrungen zu sammeln, müssen viele verschiedene Möglichkeiten offen stehen, sich im Raum zu bewegen, mehrere Dinge anzufassen, hochzuheben, herumzuschieben oder auch umzuwerfen. Nur so können Kinder lernen, ihre Bewegungen auch an verschiedene Situationen und räumliche Gegebenheiten anzupassen. Das heißt aber auch, dass spätestens jetzt darauf geachtet werden muss, alle möglichen Gefahrenquellen zu beseitigen und den Haushalt kindersicher zu machen.

Große und kleine Bewegungen im Alltag

Mit etwa fünfzehn Monaten kann Ihr Kind z. B. bereits den Griff einer Tasse mit gekrümmtem Daumen und Zeigefinger ergreifen, sie anheben, an den Mund führen, trinken und die Tasse danach wieder auf den Tisch stellen. Es lernt in diesem Alter auch, allein mit dem Löffel zu essen. Die dabei entstehende Kleckerei sollten Sie gelassen hinnehmen.

Loben Sie Ihr Kind für seine neu gewonnene Selbstständigkeit, auch wenn ihm vielleicht der Spinat manchmal noch an Nase und Ohren klebt! Jeder Erfolg stärkt das Selbstvertrauen und die Motivation, neue Herausforderungen weiter anzugehen; die Tischmanieren sind im Lernprogramm erst viel später an der Reihe. Wenn das Laufen immer besser klappt, wird zwischen 15 und 18 Monaten meist das Treppensteigen in Angriff genommen. Das Kind hält sich dabei am Geländer fest und setzt immer erst beide Füße auf einer Stufe auf, bevor es die nächste in Angriff nimmt; das wird auch als „Nachstellschritt" bezeichnet.

Spielerisch Bewegung lernen

Die zunehmende motorische Geschicklichkeit zeigt sich auch im Spiel des Kindes. Mit etwa 15 Monaten kann es aus Bauklötzchen einen Turm bauen oder einige verschieden große Hohlwürfel ineinander stapeln.

Zwischen drei und fünf Jahren wird Ihr Kind zu einem richtigen kleinen Sportler. Laufen, hüpfen, rennen – durch unermüdliches Bewegen eignet es sich ständig neue Bewegungsmöglichkeiten an. Wie schnell und intensiv dies geschieht, ist je nach Temperament und Veranlagung unterschiedlich. Für alle Kinder gilt

TIPP

Draußen spielen

Achten Sie darauf, dass Ihr Kind oft draußen spielt. Eltern können ihre Kinder am besten zu Bewegung motivieren, wenn sie gemeinsam mit ihnen etwas unternehmen, z. B. ins Schwimmbad oder auf den Spielplatz gehen. Abwechslung und Bewegung tun auch den Erwachsenen gut, und mancher Stress, der sich zu Hause angestaut hat, verfliegt dabei fast wie von selbst!

aber: Sie brauchen Platz und Möglichkeiten, sich auszutoben, Interessantes zu entdecken und Neues auszuprobieren. Reaktions- und Koordinationsvermögen werden v. a. durch Ballspiele verbessert; Wippen und Schaukeln fördern den Gleichgewichtssinn. Auch im feinmotorischen Bereich lernen Kinder in diesem Alter z. B. ein einfaches Puzzle zusammenzusetzen, den Deckel eines Einmachglases aufzuschrauben oder mit kleinen Bausteinen einfache Muster nachzubauen.

Anstrengung und Krafteinsatz lohnen sich: Ihr Kind gewinnt dabei an Selbstbewusstsein, Selbstsicherheit und Ausgeglichenheit.

Spiele für Bewegungsfreude, Ausdauer und Koordination

Die folgenden Spielvorschläge sollen eine Anregung dafür sein, wie Sie Ihr Kind dabei unterstützen können, schon bekannte und neue Bewegungsabläufe zu entwickeln, auszubauen und zu verbessern. Ihrer Fantasie sind aber keine Grenzen gesetzt.

Das unten stehende Spiel eignet sich v. a. für triste Regentage, wenn sich Ihr kleiner Wildfang schon länger nicht mehr auf dem Spielplatz austoben konnte. Für Kinder von anderthalb bis zwei Jahren.

Spielidee

Bewegungsparcours

Material: verschiedene Kartons oder Kisten, Decken, Hula-Hoop-Reifen, Stuhl, Brett, weitere Gegenstände Ihrer Wahl. Bauen Sie eine Bewegungsstrecke, auf der Ihr Kind verschiedene Anforderungen bewältigen muss; z. B. auf eine Kiste steigen, über verschiedene Kissen und Decken gehen, mit geschlossenen Beinen in den Hula-Hoop-Reifen springen, einen Purzelbaum auf der Wolldecke machen, einen Ball durch Ihre gegrätschten Beine rollen und dann selbst hinterherkrabbeln usw.

Sportpädagogik:
Fitness für Körper und Köpfchen

Kennen Sie ein Kind, das still sitzen kann? Die Antwort dürfte wohl „nein" lauten. Kein Wunder: Kinder brauchen Bewegung, um sich physisch gesund entwickeln zu können. Denn erst durch körperliche Ertüchtigung bilden sich die Muskeln, das Herz-Kreislauf-System und die Haltung richtig aus und legen den Grundstein für Gesundheit im Erwachsenenalter. Bewegung sollte für Kinder selbstverständlich sein – so fällt es ihnen auch später leichter den „inneren Schweinehund" zu überwinden und körperlich aktiv zu bleiben.

Sportpädagogische Erziehungsformen versuchen, den kindlichen Bewegungsdrang zu steuern und in koordinierte Sportarten zu lenken. Damit wird nicht nur der Körper (Balance, Körpergefühl, Beweglichkeit und Kraft), sondern auch Konzentration, Koordination und soziale Kompetenz entwickelt. Sportpädagogische Förderungsformen gibt es dabei für jedes Alter. Bereits ab dem dritten Lebensmonat kann man sein Kind mit Baby-Schwimmkursen begeistern und körperlich auslasten. Für ältere Kinder (ca. zwei Jahre) sind organisierte Turnveranstaltungen zu empfehlen. Sie können klettern, krabbeln, kriechen und toben – am besten in einer Gruppe Gleichaltriger und unter Aufsicht eines Sportpädagogen. Auch Tanzkurse oder rhythmische Sportgymnastik können Knirpse zwischen zwei und sechs Jahren besuchen.

Spielidee

Tanz-Double
Legen Sie eine CD mit Kinderliedern ein, fangen Sie an, sich nach der Musik zu bewegen und fordern Sie Ihr Kind auf, Ihre Bewegungen zu imitieren. Achten Sie darauf, dass die Bewegungen nicht zu schnell sind oder zu viel Balance erfordern, damit die Kinder sie auch leicht nachmachen können. Erschweren Sie das Spiel, indem Sie die Musik plötzlich anhalten und dabei in einer bestimmten Position (z. B. auf einem Bein stehend) verharren. Sie werden sehen: Das Stillstehen ist für Ihr Kind viel schwieriger als eine Bewegung nachzuahmen.

Dieses Spiel fördert das Erleben von Rhythmus in der Bewegung. Für Kinder ab anderthalb Jahren.

Spielidee

Paartanz

Sie stehen Ihrem Kind wie beim Tanzen gegenüber und lassen es mit seinen Füßen auf Ihre Füße steigen. Halten Sie es an den Armen fest und bewegen Sie sich dann mit ihm schaukelnd von einer auf die andere Seite. Dabei lassen Sie die Beine ganz durchgestreckt, damit Ihr kleiner Tanzpartner bequem auf Ihren Füßen stehen und mitwippen kann.

Nun geht es um Geschicklichkeit und Schnelligkeit. Für Kinder ab zwei Jahren.

Spielidee

Ballonbad

Sie benötigen mehrere nicht zu groß aufgeblasene Luftballons und eine Kinderbadewanne. Bei diesem Spiel geht es darum, die Luftballons möglichst schnell zu ergreifen und in die Wanne zu werfen. Ihr Kind muss dabei im Zimmer umherlaufen. Es erhöht den Schwierigkeitsgrad, wenn Sie die Luftballons ständig in Bewegung halten. Das Spiel kann auch als Wettbewerb gestaltet werden. In diesem Fall sammeln auch Sie Luftballons und werfen sie in eine große Wanne, während Ihr Kind eine kleine füllt. Wer seine Wanne als Erster bis an den Rand mit Luftballons gefüllt hat, ist Sieger.

Dieses Spiel ist besonders als Papa-Kind-Spiel beliebt und fördert das Gleichgewicht! Für Kinder zwischen zwei bis drei Jahren.

Spielidee

Hüa, Pferdchen!

Begeben Sie sich auf alle Viere und lassen Sie Ihr Kind aufsteigen. Gut festhalten und das „Pferd" setzt sich in Bewegung. Dieser Ritt sollte zuerst langsam beginnen, damit das Kind sein Gleichgewicht an das Schaukeln anpassen kann. Sitzt es sicher im Sattel, kann das Pferd auch ein wenig bocken und versuchen, seinen kleinen Reiter abzuwerfen.

Fliegen ist der absolute Renner für die Kleinen und verschafft neue Lage- und Gleichgewichtserfahrungen. Für Kinder zwischen drei bis vier Jahren.

Spielidee

Engelein flieg!

Umgreifen Sie ein Handgelenk und ein Fußgelenk des Kindes fest mit Ihren Händen. Schwingen Sie dann das „Engelein" vorsichtig im Kreis herum und rufen Sie: „Engelein fliiiieg!"

Mit der nächsten Spielidee fördern Sie gleichzeitig die Koordination Ihres Kindes und stärken seine Armmuskulatur. Für Kinder ab vier Jahren.

Spielidee

Wie hoch fliegt der Ball?

Material: Bettlaken, mittelgroßer Ball. Breiten Sie das Laken auf dem Boden aus und legen Sie den Ball in die Mitte. Ergreifen Sie mit Ihrem Kind alle vier Ecken des Lakens. Nun heben beide gleichzeitig das Laken hoch, sodass der Ball in die Mitte des Tuches rollt. Das Bettlaken straff ziehen, der Ball fliegt nach oben und wird dann mit dem Laken aufgefangen.

Als Nächstes lernen Sie ein Spiel zum Toben und Rennen kennen, das sich auch für den nächsten Kindergeburtstag eignet. Je mehr Mitspieler dabei sind, desto größer ist der Spaß. Für Kinder zwischen vier bis fünf Jahren.

Spielidee

Löwenjagd

Idealer Spielort ist eine Wiese, weil dort der Boden mit seinen kleinen Vertiefungen, Grasbüscheln und Unebenheiten mehr Anpassung beim Laufen verlangt. Einer der Spieler ist der Löwe, die anderen haben Angst vor ihm und laufen vor seinem Gebrüll weg. Jeder Mitspieler, den der Löwe dennoch fangen kann, kauert sich auf die Erde und stellt sich tot. Wer zuletzt gefangen wird, darf beim nächsten Mal den Löwen spielen. Noch mehr Spaß macht das Ganze, wenn der Fänger eine selbst gebastelte Löwenmaske mit Gummiband aufhat. Variante: Die Mitspieler sind die Jäger und der Löwe der Gejagte. Ein Heidenspaß!

Das folgende Spiel fördert die Geschicklichkeit und die Koordination. Für Kinder ab fünf Jahren.

Spielidee

Besenhockey

Material: Vier Stühle, Ball oder einen Luftballon, zwei Besen, die nicht zu lang und nicht zu schwer sind.

Auf beiden Seiten des Spielfeldes wird jeweils mit zwei Stühlen als Torpfosten ein Tor aufgebaut. Jeder Spieler bekommt einen Besen und versucht damit, den Ball oder Ballon am anderen vorbei in das gegnerische Tor zu treffen. Da sind Geschicklichkeit und Koordination gefragt!

Spiele, die die feinmotorische Geschicklichkeit fördern

Im Folgenden lernen Sie einige Spielideen für den feinmotorischen Bereich kennen. Sie fördern z. B. die Auge-Hand-Koordination, das Greifen und Loslassen sowie die Beweglichkeit der Finger und Zehen. Gerade im Bezug auf die feinmotorischen Fähigkeiten kann das Entwicklungstempo von Kind zu Kind sehr unterschiedlich sein; deshalb werden hier keine Altersangaben gemacht. Sie sollten einfach beobachten und ausprobieren, wie weit Ihr Kind schon ist und danach die passenden Spiele für Ihr Kleines auswählen.

Malen, Basteln und Ausschneiden sind klassische feinmotorische Übungsfelder.

Die unten stehende Beschreibung ist nur ein Vorschlag von vielen, die die feinmotorische Geschicklichkeit schulen. Auch das Malen ist eine gute Möglichkeit, Geschicklichkeit zu trainieren. Um Ihren kleinen Künstler an den Umgang mit Farbe und Formen heranzuführen, bietet es sich an, zunächst möglichst bunte und plakative Bilder mit Abdrücken herzustellen – diese haben eine große Wirkung und erfordern noch kein zeichnerisches Können.

Spielidee

Fuß- und Handbilder

Material: Wasserfarbe, große Pinsel, Zeichenblätter, Malerfolie als Unterlage. Bemalen Sie die Hände Ihres Kindes mit einer Farbe, die es sich aussuchen darf, und helfen Sie ihm dabei, die flachen Hände einige Sekunden auf ein weißes Blatt zu pressen. Nun sind die Füßchen an der Reihe. Danach darf das Kind Ihre Hände und Füße bemalen! Zeigen Sie ihm, wie es den Pinsel zunächst ins Wasser und dann in die Farbe eintaucht.

Spielen mit Köpfchen – kognitive Fähigkeiten

Sich in die Welt hineindenken

Im Märchen von Dornröschen laden die Eltern der neugeborenen Prinzessin zwölf Feen ein, die dem Baby jeweils eine gute Eigenschaft wünschen. Die Hoffnung, ihr Kind möge begabt sein, teilen die königlichen Eltern aus dem Märchen mit allen wirklichen Eltern. Jeder, der ein Kind hat, wünscht sich, dass es die Aufgaben, die das Leben ihm stellt, mit Erfolg bewältigen kann. Wie erfolgreich ein Kind bestimmte Anforderungen meistern wird, hängt in entscheidendem Maße davon ab, wie sich seine Fähigkeiten, Dinge wahrzunehmen, sich zu erinnern, nachzudenken, sich etwas vorzustellen und Probleme zu lösen, in

den ersten Lebensjahren entwickeln. Alle Erfahrungen, die Ihr Kind macht, helfen ihm dabei, Erkenntnisse und Wissen über die Welt, sich selbst und andere Menschen aufzubauen. Als Eltern können Sie es dabei unterstützen, indem Sie ihm gerade in diesen ersten Lebensjahren die passenden Anregungen bieten.

Lernen beginnt schon vor der Geburt

Die Ansätze für das Lernen und Erinnern als grundlegende kognitive Fähigkeiten sind bei einem Kind schon vorhanden, bevor es das Licht der Welt erblickt. Beispielsweise ist spätestens im letzten Drittel der Schwangerschaft das Hörvermögen des Ungeborenen so weit entwickelt, dass es die Stimmen von

Mutter und Vater wahrnimmt. Im Mutterleib macht ein Kind seine ersten Lage-, Raum- und Bewegungserfahrungen.

Die ersten Monate

Wenn ein Kind geboren wird, ist sein Gehirn noch formbar und nicht fertig entwickelt. Bis zu diesem Zeitpunkt sind nur die Nervenzellen mit den wichtigsten Verknüpfungen und Schaltstellen vorhanden. Damit das Gehirn seine Strukturen voll ausbilden kann, müssen sich die unzähligen Nervenzellen untereinander verknüpfen. Die entstehenden Vernetzungen sind umso dauerhafter und stabiler, je häufiger sie in Anspruch genommen werden. Immer dann, wenn Ihr Baby z. B. von Ihnen herumgetragen wird, Ihr Gesicht oder ein farbiges Spielzeug, sieht, speichert es diese Erfahrungen in seinem Gehirn als Muster ab. Diese bilden dann die Grundlage, mit der neue Erfahrungen verknüpft werden.

Neugier als Entwicklungsmotor

Was ein Kind an Informationen aufnimmt und verwertet, wird v. a. durch sein Aufmerksamkeitsverhalten bestimmt. Systematische Untersuchungen haben ergeben, dass Neugeborene eine angeborene Vorliebe für menschliche Gesichter sowie kräftige Farben und einfache geometrische Formen haben.

Denkentwicklung als Teil der Gesamtentwicklung

In den ersten Lebensmonaten ist die kognitive Entwicklung besonders stark an die Wahrnehmung und die Bewegungsentwicklung gekoppelt. Ihr Baby nimmt mithilfe seiner unterschiedlichen Sinne Informationen über seine Umgebung auf. Diese Informationen speichert es in Form von inneren Mustern oder Bildern in seinem Gehirn. Dabei ist der Säugling aus eigenem Antrieb heraus immer an neuen Erfahrungen interessiert. Neue und alte Muster werden miteinander verglichen.

Die schon vorhandenen Wahrnehmungsbilder werden dadurch ständig erweitert und ausdifferenziert. Auf die gleiche Weise nimmt Ihr kleiner Entdecker neben den Eigenschaften von Objekten auch Bewegungen und Handlungen wahr, beobachtet sie ganz genau und speichert sie ab. Im ersten Lebensjahr verdoppelt sich in etwa – durch Wachstum und die Vernetzung der Gehirnzellen – das Gewicht des kindlichen Gehirns. Wenn Ihr Sprössling die frühe Neugeborenenzeit hinter sich gelassen hat, nimmt seine Aufmerksamkeit zu und er kann deutlich länger zielgerichtet hinsehen oder -hören. So macht er jeden Tag tausende neuer Erfahrungen.

Die wichtigsten Prinzipien des Denkens

Unterscheiden und Wiedererkennen

Ganz zu Anfang lenken allgemeine Eigenschaften die Aufmerksamkeit Ihres Babys auf Dinge oder Menschen. Schon nach den ersten Lebenswochen richtet es sein Interesse aber immer mehr auf Merkmale, die es wiedererkennt, beispielsweise die bekannten Gesichtszüge der Mutter. Sehr früh erkennt das Baby nicht nur, dass es sich um ein Gesicht handelt, sondern auch, dass dies ein ganz spezielles Gesicht ist.

Räumliche Orientierung und räumliches Denken

Ihr Baby macht seine ersten räumlichen Erfahrungen dadurch, dass es sich selbst bewegt. Wenn es z. B. mit sechs bis sieben Monaten lernt, allein zu sitzen, verändert sich sein Erfahrungsraum. Ein Kind konzentriert sich in die-

ser aufrechten Körperhaltung nicht mehr so stark auf das Gesicht seiner Mutter, sondern beginnt, sich mehr und mehr für seine Umgebung zu interessieren. Es unterscheidet die Dinge nun zunehmend nach deren Lage im Raum. So weiß es z. B., dass ein Gesicht in der Regel eine höhere Position im Raum hat. Damit verbunden ist auch die Erkenntnis, dass Gegenstände herunterfallen, wenn sie keine Unterlage haben. Das ist für Ihr Kind eine wichtige Erfahrung, die es im Spiel immer wieder selbst testet.

Die Umwelt erobern und erforschen

Im Alter zwischen vier und acht Monaten werden Babys immer häufiger von sich aus aktiv. Ihr Sprössling wird in dieser Zeit z. B. besonderen Gefallen daran finden, die über seinem Kinderwagen hängende Kette mit bunten Spielzeugen zum Schwingen und Rasseln zu bringen. Er hat nun erkannt, dass er mit bestimmten Gegenständen aus seiner Umwelt ganz spezielle Effekte erzielen kann. Bisher hat er selbst verursachte Veränderungen nur auf den eigenen Körper bezogen – z. B. wenn er sich vom Rücken auf den Bauch drehte. Auch diese neuen Fähigkeiten werden durch zahlreiche Wiederholungen trainiert und gefestigt, wobei Ihr Baby bereits versuchen wird, die Effekte, die es beispiels-

Spielidee

Licht an, Licht aus!

Gehen Sie mit Ihrem Kind zu einem Lichtschalter. Zeigen Sie ihm nun, wie Sie das Licht einschalten – „An!" – und wieder ausschalten – „Aus!". Lassen Sie jetzt Ihr Kind selbst probieren, was passiert, wenn es den Schalter betätigt. Animieren Sie es dabei zum Mitsprechen. Eine aufregend geräuschvolle Variante ist es, das Radio an- und auszuschalten.

weise mit der Spielzeugkette erzeugt hat, auch auf andere Gegenstände zu übertragen. Indem ein Kind sein eigenes Wirken in Bezug auf verschiedene Gegenstände erlebt, bekommt es einen Eindruck vom Zusammenhang zwischen Ursache und Wirkung. Es erkennt, was es machen muss, um einen bestimmten Effekt zu erzielen.

Bei dem oben stehenden Spiel lernt Ihr Kind ganz gezielt etwas über diesen Zusammenhang.

Experimentieren und Neues ausprobieren

Über zielgerichtete Handlungsabfolgen und die Kombination gewohnter Verhaltensweisen hinaus wird Ihr Kind bereits im Alter von zwölf bis 18 Monaten in verschiedenen Bereichen aktiv nach neuen Wegen suchen. Es wagt jetzt seine ersten Experimente. Dabei testet es systematisch verschiedene Verhaltensvarianten aus. Beispielsweise zieht es einmal ganz sanft, dann gleichmäßig und ein anderes Mal fest und ruckartig an der Tischdecke, auf der seine Tasse steht und beobachtet genau, was passiert.

Objektpermanenz

Nach Jean Piaget entwickelt ein Kind ungefähr mit acht Monaten eine bedeutende Fähigkeit, die einen Meilenstein auf dem Weg zur logischen Intelligenz darstellt. Der von Jean Piaget dafür verwendete Begriff heißt „Objektpermanenz". Damit ist gemeint, dass ein Kind lernt, dass Objekte (d. h. sowohl Dinge als auch Personen) auch dann weiterexistieren, wenn sie gerade nicht sichtbar sind. Hinter dieser neuen Verhaltensweise verbirgt sich eine große geistige Leistung: Ihr Sprössling trifft eine erste Unterscheidung zwischen sich selbst und den Dingen, die außerhalb von ihm existieren und eine andere Position im Raum einnehmen als es selbst.

Vorstellungskraft entwickeln

Etwa zwischen dem 18. Lebensmonat und dem zweiten Geburtstag macht Ihr

INFO

Pionierarbeit

Der Schweizer Psychologe Jean Piaget (1896–1980) hat die Pionierarbeit bei der Erforschung der kognitiven Entwicklung geleistet. Angeregt durch Erfahrungen mit seinen eignen Kindern führte er umfassende systematische Beobachtungen durch. Dabei kam er zu dem Ergebnis, dass ein Kind durch seine aktive, durch Neugier angetriebene Auseinandersetzung mit der Umwelt nach und nach zu immer größerem Wissen und umfassenderen Erkenntnissen über die Wirklichkeit gelangt. Obwohl Piagets Theorie in der aktuellen wissenschaftlichen Auseinandersetzung auch kritisch hinterfragt wird, liefert sie bis heute wichtige Erkenntnisse für die Praxis.

Kind weitere wichtige Fortschritte. Während es bisher die Dinge in seiner Umwelt nur mithilfe seiner Wahrnehmung und seiner Hände erfassen konnte, entwickelt es allmählich die Fähigkeit, Verhaltensweisen im Geiste auszuprobieren. Ihr Kind verfügt jetzt mehr und mehr über die Fähigkeit, sich Handlungen erst einmal geistig vorzustellen. Wenn es z. B. eine Sandkiste sieht, kann es sich

vorstellen, dass man dort eine Sandburg bauen kann. Und es weiß auch, dass es dazu seine Schaufel braucht, die es vorher holen muss. Ihr Kind kann jetzt viel gezielter, schneller und flexibler seine Handlungen an ganz verschiedene Situationen anpassen und ist weniger von den äußeren Gegebenheiten abhängig.

Symbolisches Denken

Die Vorstellungskraft beginnt sich bereits gegen Ende des zweiten Lebensjahres herauszubilden. Sie stellt den Anfang des symbolischen Denkens dar. Zwischen dem zweiten und dem vierten Lebensjahr wird diese Fähigkeit verfeinert und erweitert. Ihr Kind kann jetzt

Dinge oder Ereignisse, die aktuell nicht anwesend sind, durch Bilder, Symbole und v. a. auch durch sprachliche Zeichen in seinem Kopf wachrufen. Damit eröffnen sich völlig neue Möglichkeiten für die kleinen Denker. Sie sind nun u. a. in der Lage, Verhaltensweisen, die sie bei Erwachsenen beobachtet haben, mit zeitlicher Verzögerung nachzuahmen. So kann z. B. eine Dreijährige ihr weinendes Geschwisterchen mit beruhigender Stimme und sanftem Streicheln trösten, so wie sie es am Vortag bei ihrer Mutter gesehen hat. Oder sie ahmt im Umgang mit ihren Stofftieren und Puppen ein häufig beobachtetes Verhalten nach. Das folgende Spiel unterstützt die Wahrnehmungsfähigkeit von Formen, die

INFO

Vorstellungskraft

Die Erkenntnis, dass eine bestimmte Sache symbolisch für etwas ganz anderes stehen kann, hat auch enorme Auswirkungen auf das kindliche Spiel. Dass z. B. ein Baustein auch ein Auto sein kann, setzt sowohl voraus, dass ein Kind in seinem Köpfchen eine Vorstellung von einem gerade nicht anwesenden Auto hat, als auch die Idee davon, was man mit einem Auto macht.

Auge-Hand-Koordination sowie das räumliche Denken. Für Kinder ab zwei Jahren.

Spielidee

Was passt hinein?

Material: drei bis vier offene, unterschiedlich große Schuhkartons. Sie sollten nicht zu groß sein, damit Ihr Kind auch damit umgehen kann. Stapeln Sie die Kartons zunächst ineinander: den größten ganz außen, den kleinsten innen in die Mitte. Lassen Sie dann Ihr Kind nacheinander jeweils einen Karton aus dem anderen herausholen. Anschließend ist es selbst an der Reihe, alle Kartons wieder ineinander zu stapeln.

Was Vorschulkinder meistern müssen

Kinder zwischen vier und sechs Jahren sind schon richtige kleine Schlauköpfe, die ziemlich intelligent und flexibel handeln können. Trotzdem gilt es natürlich noch viele Herausforderungen zu bewältigen, was auch Piaget durch wissenschaftliche Versuche herausgefunden hat:
Dazu nahm er ein niedriges, breites und ein hohes, schmales Glas und füllte zu-

nächst das breitere Gefäß mit Wasser. Wenn dann die Flüssigkeit von dem niedrigeren Glas in das höhere, aber wesentlich schmalere gegossen wurde, meinten die fünfjährigen Versuchspersonen, dass im höheren Gefäß mit dem Wasserspiegel auch die Menge der Flüssigkeit angewachsen sei. Erst mit etwa sieben bis acht Jahren wissen Kinder, dass die Wassermenge gleich bleibt, weil sie sich dann bei ihrer Beurteilung nicht nur auf die Höhe beziehen können. Es ist also eine Besonderheit im Denken der Vorschulkinder, dass das, was sie in ihrem Gehirn abspeichern, immer noch sehr an tatsächlich erlebte und anschauliche Erfahrungen gebunden ist. Sie können mit den Wahrnehmungs- und Handlungsmustern in ihrem Kopf noch nicht beliebig spielen und hantieren. Deshalb sind sie in dieser Phase auch noch nicht in der Lage, eine Abfolge von Ereignissen,

z. B. das Umschütten des Wassers von einem niedrigen, breiten in ein hohes, schmales Glas, gedanklich umzukehren. Erst die älteren, geistig schon weiter entwickelten Kinder schaffen es, den logischen Schluss zu ziehen, dass das Wasser auf dem Weg vom einen zum anderen Glas nicht mehr werden kann. Typisch für das Denken von Vorschulkindern ist auch, dass bereits gelernte Regeln oft vorschnell auf verschiedenste Dinge oder Handlungen übertragen werden. Kinder unterstellen z. B. einem Baum, dem Wind oder der Sonne, dass sie Gefühle, Absichten und Wünsche haben, weil sie das von sich selbst kennen. Und die Tatsache, dass Gegenstände gemacht und hergestellt werden, wird gedanklich auf alle Dinge übertragen. Aus dieser Denkweise heraus behauptet Ihr Kind beispielsweise, jemand habe den Mond wie einen Ballon aufgeblasen und an den Himmel gehängt.

Spielen macht schlau

Spielen ist für Ihr Kind die beste Möglichkeit, die Welt zu entdecken und zu begreifen. Die Kleinen haben Spaß dabei und sie können ihrer Neugier und ihrem Entdeckungsdrang freien Lauf lassen, während sie gleichzeitig ihre Aufmerksamkeits- und Konzentrationsfähigkeit schu-

len und ihr Gedächtnis trainieren. Die folgenden Spielvorschläge sollen eine Anregung sein, wie Sie die geistige Entwicklung in der frühen Kindheit fördern können. Ihre Aufmerksamkeit sowie Ihre Erklärungen werden dem Kind dabei helfen, seine Umgebung zu erforschen, Ideen zu entwickeln und neue Handlungsmöglichkeiten auszuprobieren.

Spielidee

Löwenzahnlocken

Trennen Sie die Löwenzahnblüten ab, Sie brauchen nur die Stängel. Diese werden nun am oberen und unteren Ende jeweils zwei bis drei Mal eingerissen. Die so bearbeiteten Stängel legen Sie in die Wasserschüssel. Beobachten Sie dann zusammen mit Ihrem Kind, wie sich die eingerissenen Enden im Wasser nach ein bis zwei Minuten zu Locken zusammenrollen. Für Kinder zwischen vier bis fünf Jahren.

Mit Abzählreimen wie den folgenden können das Zahlen- und Mengenverständnis gefördert werden. Bringen Sie Ihrem Kind mehrere lustige Abzählreime bei. Sind gleichaltrige Freunde anwesend, kann eines der Kinder auf diese Weise ausgezählt werden. Es ist dann dazu bestimmt, beim nächsten Spiel an-

zufangen oder einen weiteren Abzählreim zu sprechen. Ansonsten können auch die Finger abgezählt werden.

Spielidee

Abzählreime

1, 2, 3, 4, 5, 6, 7, eine Bäuerin kocht Rüben, eine Bäuerin kocht Speck und du bist weg!

Eene, meene, muh und raus bist du. Raus bist du noch lange nicht, sag mir erst, wie alt du bist!
(Je nach dem Alter des Kindes wird dann ausgezählt.)

Das folgende Spiel trainiert die Konzentrationsfähigkeit, das Gedächtnis sowie die Fähigkeit, Dinge sprachlich zuzuordnen. Für Kinder ab fünf Jahren.

Spielidee

Ich packe meine Koffer ...

Stellen Sie sich vor, Sie wollen auf einer Insel Urlaub machen. Was müssen Sie einpacken? Ein Mitspieler fängt an: „Ich packe meinen Koffer und nehme einen Schlafanzug mit." Der nächste wiederholt das Gesagte und fügt einen neuen Gegenstand hinzu: „Ich packe meinen Koffer und nehme einen Schlafanzug und eine Zahnbürste mit ..." Der nächste Mitspieler fügt einen dritten Gegenstand hinzu und nennt vorher die ersten beiden; und so geht es immer weiter, bis ein Mitspieler einen Gegenstand vergisst oder in der falschen Reihenfolge aufsagt.

Spielidee

Wer erkennt das Rätselbild?

Material: Bilder, Postkarten oder Fotos von Gegenständen, Tieren oder Personen, Papier. Fordern Sie Ihr Kind auf, die Augen zu schließen, während Sie eines der Bilder auf den Tisch legen und teilweise mit dem weißen Blatt abdecken. Es soll nur noch ein Ausschnitt des Bildes zu sehen sein, anhand dessen der abgebildete Gegenstand erraten werden muss. Sollte das Kind die Lösung nicht gleich herausfinden, kann nach und nach mehr von dem Bild freigelegt werden. Für jedes erratene Bild gibt es einen Punkt. Diese können nachher z. B. in Gummibärchen umgetauscht werden.

Mit dem vorhergehenden Spiel können Konzentrations- und Unterscheidungsfähigkeit eingeübt werden. Für Kinder zwischen drei bis vier Jahren.

Kinder ab etwa zwei Jahren lieben so genannte „So-tun-als-ob-Spiele". Sie geben z. B. vor, von einem Spielzeugteller zu essen, auf dem sich aber nicht wirklich etwas befindet. Dadurch trainieren sie ihre Vorstellungskraft und die Fähigkeit, bestimmte Dinge oder charakteristische Bewegungen darzustellen. Im Folgenden werden Sie ein solches So-tun-als-ob-Spiel kennenlernen. Für mehrere Kinder ab drei Jahren, denn dann macht dieses Spiel mehr Spaß.

Spielidee

Was bin ich?

Es geht bei diesem Spiel darum, verschiedene Berufe zu erraten, die pantomimisch dargestellt werden müssen. Wem keine typischen Hand oder Körperbewegungen einfallen, der kann auch passende Geräusche zu Hilfe nehmen, aber Worte sind streng verboten! Ein Kind wird ausgezählt, es darf anfangen. Wer den vorgespielten Beruf als Erster errät, darf als Nächster einen Beruf vorspielen.

Verstehen und verstanden werden – Sprache

Sprachentwicklung im ersten Lebensjahr

Stellen Sie sich einmal vor, welche Einschränkung und Isolation es für Sie bedeuten würde, wenn Sie plötzlich Ihre Sprache verlören …

Die Sprache ist für Menschen das wichtigste Mittel der Verständigung. Mit ihrer Hilfe können wir Gefühlen und Stimmungen Ausdruck verleihen, Bedürfnisse und Wünsche deutlich machen und Kontakte zu anderen Personen aufbauen. Die Entwicklung der Sprache ist zudem untrennbar mit anderen Entwicklungsbereichen verbunden; so stellt sie etwa die Grundlage für das Gedächtnis und die Fähigkeit zu denken dar.

Die Fähigkeit zur Sprachentwicklung ist genetisch veranlagt. Lange bevor Ihr Kind sein erstes Wort sprechen kann, erwirbt es die Grundlagen dafür, sich selbst aktiv mit seiner Umwelt auszutauschen. Die erste Lautäußerung des Babys, das Schreien, ist zunächst nur eine ganz allgemeine Art, Unbehagen auszudrücken. Es wird jedoch bald zielgerichteter und der Säugling setzt es zunehmend dazu ein, seine Bezugspersonen zu „rufen". Eltern können dann häufig schon an der Art des Schreiens erkennen, was ihrem Sprössling fehlt. Auch wenn es mit der eigentlichen Sprache noch recht wenig gemeinsam hat, ist das Schreien bereits eine wichtige Möglichkeit, sich der Umwelt mitzuteilen und dient als erstes Training für Atmung und Stimme, zwei Körperfunktionen, die für das spätere Sprechen von großer Bedeutung sind. Etwa im zweiten Lebensmonat zeigen sich mit den sogenannten Gurr-Lauten, wie „grr", „ngah" oder „öh", erste Fortschritte in der Entwicklung hin zur Sprache. Damit werden die Sprechorgane, d. h. Gesichtsmuskeln, Zunge, Lippen, Kehlkopf und Atmung, weiter trainiert und gekräftigt.

INFO

Sprache im Austausch
Die Sprache ist kein isolierter Entwicklungsbereich, sondern steht in ständiger Wechselwirkung mit den Entwicklungsprozessen der Wahrnehmung, der Motorik und des Denkens sowie der sozialen Kompetenz.

Im Alter von sechs bis neun Monaten, wenn das Kind ohne Hilfe zu sitzen beginnt, erweitert sich sein Gesichtsfeld. Es kann jetzt die Hände dazu benutzen,

Spielidee

Wo ist der Bauch?

Wenn Ihr Kind frisch gewickelt auf der Wickelkommode liegt, schauen Sie es lächelnd an, heben sein Hemdchen hoch und fragen: „Wo ist der Bauch?" Versuchen Sie dabei mit Ihrer Stimme Spannung zu erzeugen. Nach einiger Zeit wird Ihr Kind schon erwartungsvoll zappeln, bevor Sie ihm als Antwort auf den Bauch pusten.

die Welt zu entdecken, indem es sich Gegenstände in den Mund steckt. So lernt ein Kind zu kauen, die Zunge hin und her zu bewegen und gleichzeitig die Atmung zu kontrollieren. Im Zuge dessen beginnt es mit dem Lallen. Durch diese einfachen Lautverbindungen, z. B. „mama", „dada", testet es seine Stimme. Ungefähr mit neun Monaten beginnen die meisten Babys, Handlungen mit nachahmenden Lautfolgen zu begleiten. So kombinieren sie z. B. das Schieben eines Spielzeugautos mit einem brummenden Geräusch.

Das frühe, an unmittelbares Erleben gekoppelte Sprachverständnis wird relativ rasch ausgebaut. Um den ersten Geburtstag herum sind meist auch die motorischen Voraussetzungen gegeben, dass ein Kind seine ersten Wörter sagen kann; klassischerweise meist „Mama" und „Papa". Das ist ein Ereignis, dem die meisten Eltern förmlich entgegenfiebern und beunruhigt sind, wenn das erste Lebensjahr ohne diesen offensichtlichen Fortschritt verstreicht. Dafür gibt es je-

TIPP

Kindlicher Dialog

Besonders wichtig ist bei den ersten „Gesprächen" zwischen Eltern und Kind, dass sie als Dialog gestaltet werden. Das bedeutet beispielsweise, dass Sie das Kind „ausreden" lassen und ihm Zeit geben, auf Sie zu reagieren. Sie werden mit wundervollen kleinen „Unterhaltungen" belohnt werden, die die Eltern-Kind-Bindung bereichern und noch stärker werden lassen. Je intensiver diese ersten Erfahrungen sind, desto motivierter wird sich Ihr Kind der Herausforderung des Sprechenlernens stellen können.

doch keinen Grund: Eine leichte Verzögerung wird normalerweise mit dem nächsten großen Entwicklungsschub wieder ausgeglichen.
Die Weiterentwicklung der Sprache wird dadurch unterstützt, dass die Eltern immer wieder auf die vom Kind produzierten Laute reagieren. Nutzen Sie von Anfang an alltägliche Situationen, um mit Ihrem Kind in einen für beide Seiten möglichst anregenden Dialog zu treten. Im Zusammenhang mit Körperkontakt, Ansprache und Bewegung lernt Ihr Kind, das Sprechen mit positiven Gefühlen in Verbindung zu bringen und wird zu aktiver Teilnahme motiviert.
Diese Spiele verbinden Bewegung, Rhythmus und Sprache miteinander. Für Kinder ab sechs Monaten.

Spielidee

Kniereiterverse

Setzen Sie sich Ihr Kind auf den Schoß. Greifen Sie unter seine Arme und stützen Sie es mit den Fingern ein wenig ab. Lassen Sie Ihr Kleines nun im Rhythmus der Verse auf Ihren Knien schaukeln.

Hopp, hopp, hopp, mein Reiterchen, wo reitest du denn hin, wo reitest du denn hin? Ich reite nach der Mühle und werfe den/die ... (Name des Kindes) hin!

Lassen Sie Ihr Kind mit dem letzten Satz vorsichtig in Ihre Arme fallen.

Ein anderer beliebter Kniereitervers hat folgenden Text:
Hoppe, hoppe, Reiter, wenn er fällt, dann schreit er. Fällt er in den Graben, fressen ihn die Raben. Fällt er in den Sumpf, dann macht der Reiter – plumps.

Sie können das letzte Wort „plumps" dehnen und übertrieben betonen und Ihr Kind dabei sanft in Ihre Arme fallen lassen. Das macht den meisten kleinen Reitern großen Spaß!

Und weiter geht es mit einem dritten bekannten Kniereitervers:

Hopp, hopp, hopp, Pferdchen lauf Galopp! Über Stock und über Steine, aber brich dir nicht die Beine! Hopp, hopp, hopp, Pferdchen lauf Galopp!

Als Voraussetzung für das spätere Sprechenlernen ist es wichtig, dass schon früh die akustische Aufmerksamkeit Ihres Kindes geschult wird. Um das Hinhören spielerisch zu üben, eignen sich verschiedene Dinge, die Geräusche verursachen, beispielsweise eine Spieluhr, ein Wecker oder ähnliche Gegenstände, die im Haushalt zu finden sind.

Vom ersten Wort zum ersten Satz

Einwortsätze

Im Alter zwischen einem und zwei Jahren fängt ein Kind damit an, sich einen kleinen Wortschatz aufzubauen. Kennzeichnend für diesen Entwicklungsabschnitt ist der „Einwortsatz", der für den Inhalt eines ganzen Satzes steht. Was Ihr Kind mit entsprechenden Äußerungen meint, können Sie daher meist nur aus der Situation heraus verstehen. Auch die Aussprache ist anfangs noch relativ „verwaschen" und die verwendeten Begriffe sehr allgemein. So kann Ihr Kind mit dem Ausruf „Piep-Piep" sowohl Hühner als auch Enten oder eine Amsel meinen. Andererseits hat es in diesem

TIPP

Sprachliche Rückmeldung

Geben Sie Ihrem Kind immer wieder sprachliches Feedback! Wenn es z. B. fragt: „Nunu?" (sein Wort für „Schnuller"), dann antworten Sie: „Wo ist denn dein Schnuller?" Oder das Kind stellt fest: „Auto." Und Sie bekräftigen: „Ja, das ist ein Auto." Auf diese Weise lernt Ihr Kind an Ihrem Vorbild, wie man Sätze erweitern und Laute richtig bilden kann. Gleichzeitig bestätigen Sie es in seinem Sprechen. Sie belohnen seine Leistung durch Ihre Aufmerksamkeit und zeigen ihm so, dass es eine gute Sache ist, sich seinen Mitmenschen durch Sprache mitzuteilen.

Alter aber schon ein recht differenziertes Sprachverständnis für häufig gebrauchte einzelne Wörter und kleinere Aufträge, z. B. „Gib mir den Löffel!". In dieser Phase ist es besonders wichtig, dass die Eltern auf das reagieren, was das Kind zu sagen hat.

Da der Lernerfolg immer dann am größten ist, wenn mehrere Sinne gleichzeitig angesprochen werden, bieten sich im Bereich der Sprachentwicklung Spiele an, die Sprache und Berührung miteinander verbinden, wie die folgenden beiden beliebten Spiele für die Kleinen.

Spielidee

Geht ein Mann die Treppe hoch …
Wandern Sie mit zwei Fingern den Arm Ihres Kindes hinauf, „klingeln" Sie sanft an seinem Ohr, klopfen Sie an seine Stirn und fassen Sie dann an seine Nase. Dazu sprechen Sie den folgenden Text:
Geht ein Mann die Treppe hoch, klinge-lingeling, klopft an: Guten Tag, Herr Nasenmann!

Auch die Verbindung von Rhythmus und Körpererfahrung kann das Sprachgefühl Ihres Kindes in besonderer Weise fördern.

Spielidee

Backe, backe Kuchen
Klatschen Sie mit Ihrem Kind zusammen im Rhythmus dieses Reimes:

Backe, backe Kuchen; der Bäcker hat gerufen. Wer will guten Kuchen backen, der muss haben sieben Sachen: Eier und Salz, Butter und Schmalz, Milch und Mehl, Safran macht den Kuchen gel. Schieb, schieb in den Ofen rein, der Kuchen wird bald fertig sein!

Der Wortschatz wächst am schnellsten in den Bereichen, die das Kind besonders interessieren; das sind z. B. Fahrzeuge oder Tiere. Mit etwa eineinhalb Jahren verfügen die meisten Kinder über etwa 25 Wörter. Dies ist aber – wie alle Zahlen, die hier genannt werden – nur ein Orientierungswert.

Wörter verbinden
Etwa in der zweiten Hälfte des zweiten Lebensjahres beginnt das Kind, Sätze aus zwei bis drei Wörtern zusammenzusetzen; z. B. „Lade haben", „Mama ab?" oder Ähnliches. Nach und nach werden diese telegrammartigen Satzkonstruktionen erweitert und Ihr Sprössling wird auch lernen, die einzelnen Wörter ver-

ständlicher auszusprechen. Sie können diese Entwicklung dadurch unterstützen, dass Sie möglichst häufig mit Ihrem Kind sprechen – und zwar über alles, was Ihnen in Ihrem gemeinsamen Lebensalltag begegnet. Besonders hilfreich ist es, wenn Sie seine noch unvollständigen Aussagen zu einfachen Sätzen ergänzen, wie es bereits bei den Einwortsätzen gezeigt wurde. So wird sich der Wortschatz Ihres kleinen Sprachkünstlers stetig vergrößern. Auch bei diesem Entwicklungsschritt können Sie ihn spielerisch unterstützen, indem Sie etwa einige bekannte Gegenstände nacheinander unter einem Tuch verstecken und sie nach dem Aufdecken beim Namen nennen. Wenn Sie das mehrmals machen, wird Ihr Kind schon bald beginnen, die Begriffe nachzusprechen.

Die ersten Fragen

Ihr Kind fängt in diesem Alter auch an, erste Fragen zu stellen, um die Begriffe für die Dinge in seiner Umwelt zu erfahren und so sein inneres Wörterbuch zu erweitern, z. B. mit den Worten „Is das?". Kinder müssen die Namen der Dinge, die sie sehen und anfassen können, immer wieder hören und sich so einprägen. Je mehr gut dosierte und wiedererkennbare Erfahrungen Ihr Sprössling macht, desto besser wird sich

auch einmal seine sprachliche Ausdrucksfähigkeit entwickeln. Mit zwei Jahren hat sich der Wortschatz bereits auf etwa 250 Wörter erhöht.
Auch das Sprachverständnis eines Kindes zwischen eineinhalb und zwei Jahren hat sich deutlich weiterentwickelt.

Sprachpädagogik: Kommunikation verbindet

Stellen Sie sich vor, Sie würden auf einem fremden Planeten landen und wollen sich den dortigen Bewohnern mitteilen. Das ist eine Herausforderung – so wie sie auch den neuen Erdenbürgern bevorsteht. Bevor Kinder sprechen lernen, müssen sie zunächst lernen zu hören, Laute von sich zu geben, zu lallen und zu brabbeln. Im Sinne der Erlebnispädagogik sind die Kleinen hierbei ständig mit neuen Situationen konfrontiert.

Damit Kinder selbstbewusst sprechen lernen und den Mut nicht verlieren, brauchen Eltern Geduld und Kinder viel Lob. Erleichtern Sie Ihren Kindern das Lernen, indem Sie sie in Ihren Sprachalltag einbeziehen. Reden Sie viel mit Ihrem Kind – egal wie alt es ist. In den ersten drei Lebensjahren sollten Sie besonders langsam und in hohen Tönen sprechen; das können Kleinkinder besser wahrnehmen. Kinder sind so wissbegierig, dass sie in der Regel problemlos sprechen lernen.

Wichtiger als sie in der Sprache zu korrigieren, ist es als Elternteil selbst ein gutes Sprachvorbild zu sein und die Kleinen zu motivieren.

Eine liebevolle und motivierende Spracherziehung gibt ein korrigierendes Feedback, statt eines unmotivierenden Tadels. Gehen Sie beispielsweise wie folgt vor. Das Kind sagt: „Meine Dabel." Reagieren Sie mit freundlicher Stimme und sagen Sie: „Ja. Ich habe auch eine Gabel."

Spielvorschlag

Spracherlebnis

Kinder lernen Wörter besser, wenn sie sie mit Emotionen verbinden. Sammeln Sie daher verschiedene Gegenstände und verbinden Sie deren Eigenschaften mit einem Begriff. Lassen Sie das Kind z. B. einen Wattebausch fühlen und sagen Sie „weich". Tauchen Sie die Hand des Kindes in warmes Wasser und sagen Sie „warm". Der Fühl-Parcours ist ein tolles und lehrreiches Erlebnis und eignet sich bereits für Kinder ab zweieinhalb Jahren.

Es versteht jetzt schon viel mehr, als es selbst sprechen kann. Dies lässt sich daran erkennen, dass das Kind auch auf kleine Fragen und Aufträge reagiert, die sich nicht auf die unmittelbare Situation beziehen, z. B. „Hol mal deine Jacke!".

Mit Sprache die Welt entdecken

Jedes Ding hat einen Namen

Obwohl Ihr Kind viele Laute noch nicht fehlerfrei bilden kann und besonders schwierige Lautverbindungen oft einfach weglässt oder durch einfachere ersetzt, sind die Fortschritte, die seine Sprachentwicklung im Alter zwischen zwei und drei Jahren macht, deutlich zu erkennen. Der Wortschatz Ihres Kindes wird jetzt rasant größer und es kommt vor, dass es sich aus bereits bekannten Wörtern neue Begriffe zusammenbaut, wenn es den Namen für etwas noch nicht kennt; z. B. „Haarekämmer" für „Kamm". Kinder wollen ihre Umgebung kennenlernen und erkunden. Sie interessieren sich für Details, Zusammenhänge und für alles, was um sie herum passiert. Eltern können die geistige und sprachliche Entwicklung ihres kleinen Entdeckers fördern und unterstützen, indem sie ihm die Welt erklären. Verwenden Sie dabei möglichst einfache, verständliche Sätze! Schauen Sie Ihr

Kind an, wenn Sie mit ihm reden; Blickkontakt ist wichtig! Hören Sie auch intensiv zu, wenn es eine Frage stellt oder selbst etwas erzählen möchte und geben Sie nicht gleich auf, wenn es etwas länger dauert, bis es die richtigen Worte gefunden hat.

Aus den sehr einfachen Sätzen mit nur zwei oder drei Wörtern entwickeln Kinder nach und nach komplexere Satzkonstruktionen. Sie lernen, mit Wörtern eine Beziehung zwischen Personen, Dingen und Tätigkeiten herzustellen. Diese neue Fähigkeit zeigt sich auch im Spiel, wenn ein Kind mehrere Handlungsschritte aneinanderreiht. Beispielsweise lädt es Bauklötzchen auf einen Spielzeug-LKW, fährt sie zur „Baustelle" und beginnt dann, etwas damit zu bauen. Solche Spielhandlungen begleitet Ihr Kind jetzt nicht mehr nur mit Geräuschen, sondern auch mit Worten. Es lernt so mehr und mehr, sich Dinge vorzustellen, sie vorauszuplanen und zu verändern.

Wörter sammeln

Durch die verbesserte Fähigkeit, sich auszudrücken, vergrößern sich auch die

INFO

Ich-Persönlichkeit

Zwischen zweieinhalb und drei Jahren vollzieht sich ein weiterer wichtiger Entwicklungsschritt. Ihr Kind wird aufhören, sich mit seinem Vornamen zu bezeichnen und stattdessen „ich" sagen, wenn es sich selbst meint. Darin zeigt sich, dass auch die psychische Reifung voranschreitet und sich die Persönlichkeit herausbildet.

Kontaktmöglichkeiten des Kindes. Dies ist u. a. die Voraussetzung dafür, mit anderen Kindern zusammen spielen zu können. Ihr Kind kann in diesem Alter bei einfachen Dingen auch schon verstehen, ob etwas Gesagtes sinnvoll ist oder gar nicht wahr sein kann und wird entsprechend darauf reagieren; z. B. indem es nickt oder den Kopf schüttelt. Wichtig ist nun, dass es die Bezüge zwischen den ihm bekann-ten Wörtern kennenlernt. Das lässt sich sehr gut durch Fingerspiele trainieren.

Spielidee

Das ist der Daumen ...

Sprechen Sie den folgenden Vers und nehmen Sie dabei der Reihe nach die ausgestreckten Finger Ihres Kindes in die Hand. Wenn Ihr kleiner Liebling das Spiel schon kennt, machen Sie vor Schlüsselwörtern (z. B. Daumen, Vielfraß) kleine Pausen, die es ihm ermöglichen, mitzusprechen oder den Vers selbstständig zu vollenden.

Das ist der Daumen, der schüttelt die Pflaumen, der sammelt sie auf, der trägt sie nach Haus und der kleine Vielfraß isst sie alle, alle auf.

Der Schritt zum Gesprächspartner

Zwischen drei und vier Jahren ist Ihr Kind bereits ein richtiger kleiner Gesprächspartner. Sein Gedächtnis und sein Denken sind jetzt so weit entwickelt, dass es sich auch daran erinnert, was es gestern im Kindergarten gespielt hat. Im Zuge dieser Entwicklung wachsen Kinder auch in die Grammatik ihrer Sprache hinein. Sie gewinnen Sicherheit darin, die einzelnen Wörter an der richtigen Stelle im Satz zu platzieren und können jetzt auch zunehmend komplexere Haupt- und Nebensätze verbinden: „Wenn ich morgen vom Kindergarten komme, gehe ich mit Anna spielen." Im Laufe der Zeit bürgern sich automatisch die korrekten Verwendungen der unregelmäßigen Formen ein. Im Verlauf des vierten Lebensjahres lernen Kinder, die meisten Laute so auszusprechen, dass sie auch von anderen Menschen verstanden werden können. Dabei treten nur manchmal bei „s", „r" und „sch" oder besonders anspruchsvollen Lautverbindungen noch Schwierigkeiten auf. Neben den Verfeinerungen in Aussprache und Grammatik macht Ihr Kind in diesem Lebensjahr zudem bei der Erweiterung seines Wortschatzes Fortschritte. Dieser wird jetzt auch um abstrakte Be-

griffe, wie Wörter, die Gefühle ausdrücken, oder Zeit- und Mengenangaben erweitert.

Fragen über Fragen

Kinder im Kindergartenalter fragen einem sprichwörtlich „Löcher in den Bauch". Auch wenn diese ständige Fragerei manchmal ein wenig nerven kann, sollten Sie geduldig sein. Auf diese Art und Weise wollen Kinder so viel wie möglich über die Welt erfahren und die Begriffe für all das, was ihnen begegnet und sie interessiert, in ihren Wortschatz aufnehmen.

Nehmen Sie sich Zeit, die Fragen Ihres Kindes immer wieder geduldig zu beantworten. Verwenden Sie dabei nicht immer die gleichen Wörter, sondern suchen Sie für eine bestimmte Sache verschiedene Begriffe. Beispielsweise kann man anstelle der Worte „Das Essen schmeckt gut" ein Gericht auch als „lecker", „köstlich" oder „hervorragend" bezeichnen.

Spiele zur Erweiterung des Wortschatzes

Bei diesem ersten Spiel kann Ihr Kind die Dinge, die es benennt, gleichzeitig über den Tastsinn erleben (vgl. Kap. 2; Wahrnehmung).

Spielidee

Zauberkästchen
Material: ein Kästchen (z. B. einen
Schuhkarton), ein buntes Tuch, verschiedene Gegenstände zum Ertasten
(z. B. Federn, eine Walnuss, einen Luftballon, ein Stück Seife usw.) Erklären
Sie Ihrem Kind, dass Sie ein Zauberkästchen besitzen, in dem immer wieder neue Dinge auftauchen. Legen Sie
heimlich einen der Gegenstände in das
Kästchen und bedecken Sie es mit
dem Tuch. Sagen Sie zusammen:
„Abrakadabra, drei Mal schwarzer
Kater". Jetzt darf Ihr Kind mit einer
Hand unter das Tuch greifen und den
darunter befindlichen Gegenstand be-
tasten, bis es errät, worum es sich
handelt. Falls es nicht sofort auf die
Lösung kommt, helfen Sie ein wenig
und fragen nach den Eigenschaften
des Gegenstands (Ist das, was du er-
tastest, weich oder hart?). Auf diese
Weise werden gleichzeitig die wichtigsten Gegensatzpaare von Eigen-
schaftswörtern geübt.

Das folgende Spiel hilft Ihrem Kind dabei
zu lernen, verschiedene Farben zu unterscheiden und ihre Bezeichnungen zu
beherrschen.

Spielidee

Grün, ja grün, sind alle meine Kleider ...
Material: Bilder (evtl. zusammen mit
dem Kind ausgeschnitten oder gemalt)
von einem in Grün gekleideten Jäger,
einem Doktor in Weiß, einem Handwer-
ker in Blau, einer gelben Sonne, einer
roten Tomate usw. Lassen Sie Ihr Kind
jeweils ein Bild auswählen. Nun werden
in das folgende Lied die jeweilige Farbe
und der damit verbundene Beruf eingesetzt.
Grün, ja grün, sind alle meine Kleider./
Grün, ja grün, ist alles, was ich hab'./
Darum lieb' ich alles, was so grün ist,/
weil mein Schatz ein Jäger ist.
Weiß, ja weiß, sind alle meine Kleider (...),
weil mein Schatz ein Doktor ist.

Kinder sind fasziniert, wenn sie Erwachsene beim Telefonieren erleben. Um
diese Situation nachzuspielen, brauchen
Sie nur zwei Spielzeugtelefone. Ihr Kind
wird es aber auch verstehen, wenn Sie
einfach eine Fernbedienung oder einen
Hausschuh zum Telefon umfunktionie-
ren und ans Ohr halten.

Das folgende Spiel macht Ihrem Kind
mit Sicherheit Spaß, da es wie ein Erwachsener telefonieren darf.

Spielidee

Hallo, hallo ...

Wählen Sie auf Ihrem fiktiven Telefon eine Nummer, die Sie laut mitsprechen, und imitieren Sie dann das Klingelgeräusch. Ihr Kind muss jetzt den Hörer an sein Ohr halten und das Gespräch kann beginnen: „Hallo, hallo?"

Die letzten Feinheiten trainieren

Zwischen vier und fünf Jahren wird Ihr Kind so ziemlich alle Laute fehlerfrei bilden können, nur das „s" und das „sch" machen oft noch bis zum Zahnwechsel Schwierigkeiten. Kinder beherrschen in diesem Alter im Großen und Ganzen auch die Regeln von Satzbau und Grammatik und können verschiedene Haupt- und Nebensätze miteinander kombinieren. Auch wenn noch kleinere Fehler und Unsicherheiten auftreten, kann Ihr Kind jetzt schon recht flüssig und in korrekter Reihenfolge von seinen Erlebnissen berichten.

Es ist außerdem zunehmend in der Lage, längeren Geschichten zuzuhören und sie zu verstehen. Auch berichtet es schon zusammenhängend von seinen Erlebnissen.

INFO

Physiologie des Stotterns

Es kommt vor, dass Kinder in diesem Alter schneller denken, als sie reden können. Dadurch kann ihr Redefluss ins Stocken geraten und sie wiederholen manche Silben mehrmals hintereinander. Dieses sogenannte „physiologische Stottern" (das mit dem echten Stottern nicht viel zu tun hat) ist für Kinder zwischen zweieinhalb und fünf Jahren nicht unüblich und kein Grund zur Besorgnis. Sollten Sie dennoch unsicher sein, lassen Sie sich von einem Logopäden beraten – sicher kann Ihr Kinderarzt jemanden vermitteln.

Ihr Kind wird immer noch viele Fragen stellen, um mit neuen Begriffen seinen Wortschatz weiter auszubauen. In diesem Alter nimmt es auch abstraktere Richtungsangaben (z. B. „oben" und „unten", „vor" und „zurück" usw.) auf, kann sie verstehen und lernt, sie selbst richtig zu verwenden. Der passive Wortschatz Ihres Kindes ist bereits wesentlich größer als der aktive, das heißt, es versteht schon sehr viel, auch das, was es selbst noch nicht ausdrücken kann. Auch nach dem fünften Geburtstag wird sich die Sprach- und Sprechfähigkeit

Ihres Kindes weiterentwickeln. Es wird lernen, auch komplizierte Fragen zu verstehen und zu beantworten, selbst Geschichten zu erzählen und sich auf seine Gesprächspartner einzustellen. Hinsichtlich der Aussprache schwieriger Wörter, des Satzbaus und der Grammatik wird Ihr Kind immer weniger Fehler machen. Ein gut ausgebildetes Sprachverständnis und ein möglichst differenzierter Wortschatz helfen Ihrem Kind, abstrakte Zusammenhänge verstehen zu lernen. Das bedeutet, je besser seine sprachlichen Fähigkeiten entwickelt sind, desto erfolgreicher wird Ihr Kind die Anforderungen der Schule bewältigen!

Mit Sprache spielen

Ab einem Alter von vier bis fünf Jahren ist die Sprachentwicklung eines Kindes schon so weit fortgeschritten, dass es die meisten Regeln verinnerlicht hat und anwenden kann. Auf dieser Grundlage können Kinder nun ihre Fähigkeiten dazu nutzen, mit Sprache zu jonglieren, sie kreativ einzusetzen und damit auch zu spielen.

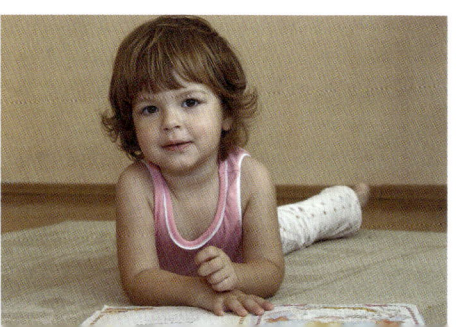

Spielidee

Lustige Reim-Namen

Versuchen Sie, mit Ihrem Kind zusammen Reimwörter zu Namen zu finden. Wenn mehrere Kinder anwesend sind, kann man deren Vornamen verwenden, ansonsten die Namen bekannter Personen, z. B. der Erzieherin im Kindergarten, der Freundin, des Opas oder der Nachbarn. Typische Reimbildungen könnten etwa lauten: Jonas Pudelfass, Tim Klimbim ...

Das folgende Spiel fördert die Kreativität und das Vorstellungsvermögen Ihres Kindes in Verbindung mit Sprache.

Spielidee

Handpuppen-Theater

Material: verschiedene Handpuppen (z. B. Kasper und Krokodil). Alternativ können Sie auch zwei Socken über die Hände ziehen, denen Sie mit einem Textil-Marker ein Gesicht verpassen. Ihr Kind und Sie schlüpfen jeweils in eine der Handpuppen und damit auch in eine Rolle hinein. Daraus kann sich ein fantasievoller Dialog ergeben, bei dem Ihr Kind üben kann, verschiedene Rollen sprachlich auszufüllen.

Ich und du, Müllers Kuh –
soziale Fähigkeiten

Soziale Kompetenz von Anfang an

Eltern wollen für ihre Kinder nur das Beste; sie wünschen sich, ihr Kind möge zu einem Menschen heranwachsen, der bei anderen beliebt und anerkannt ist, Freunde findet, Beziehungen eingeht und im späteren Berufsleben mit Kollegen und Vorgesetzten gut zurechtkommt. All diese Ziele hängen eng mit dem sozialen Verhalten zusammen, das sich der junge Mensch in der Zeit seines Heranwachsens nach und nach aneignet. Unter dem Begriff „soziales Verhalten" versteht man gemeinhin die Fähigkeit, die eigene Mimik und Gestik, alle sprachlichen Äußerungen und Handlungen so einzusetzen, dass sie von anderen Menschen akzeptiert werden und dass das Umfeld darauf reagiert. Dazu gehört beispielsweise, dass man in der Lage ist, zu jemandem Kontakt aufzubauen und diesen auch über längere Zeit zu halten. Das kann durch Sprache geschehen, aber auch durch Blicke und Berührungen. Diese Fähigkeiten braucht man darüber hinaus, um von anderen emotionale Zuwendung und Hilfe zu bekommen, und um seinen Mitmenschen genau dies zurückgeben zu können. Soziale Fähigkeiten zu entwickeln, bedeutet für ein Kind zunächst, in seine Familie, in die Nachbarschaft und in die Kindergartengruppe hineinzuwachsen. In diesem relativ geschützten Umfeld lernt es die gängigen sozialen Umgangsformen und Mechanismen kennen, um diese später routiniert anwenden zu können, wenn es gilt, im Beruf und auch im Privatleben neue Kontakte zu knüpfen. Um diese lebensnotwendigen Fähigkeiten erwerben zu können, braucht Ihr Kind allerdings eine Basis des liebevollen Angenommenseins. Nur so kann es die verschiedenen Regeln des menschlichen Zusammenlebens auch richtig verinnerlichen.

Frühe Eltern-Kind-Interaktion

Kinder sind von ihrer Geburt an soziale Wesen. Das bedeutet, dass sie grundsätzlich in der Lage sind, soziale Fähigkeiten zu entwickeln. Der Grundstein hierfür liegt bei der frühen wechselseitigen Beziehung zwischen Eltern und Kind, der sogenannten „Eltern-Kind-Interaktion". In den letzten Jahrzehnten hat man bei der Erforschung des Zusammenspiels von Eltern und Säugling festgestellt, dass die Kleinen selbst bereits aktiv auf solche Prozesse einwirken. Eltern und Kind erleben sich gegenseitig als Interaktionspartner, wobei nicht nur die Erwachsenen kommunizieren. Obwohl Säuglinge noch nicht sprechen können und auch ihre motorischen und geistigen Fähigkeiten noch lange nicht voll entwickelt sind, können sie trotzdem schon Signale geben, innere Zustände zum Ausdruck bringen, mitteilen, auffordern und Informationen vermitteln. Damit ist es Babys bereits möglich, die Wechselbeziehung mit ihren Eltern selbst anzuregen oder abzubrechen und so zu regulieren.

Grundlagen für den Aufbau sozialer Fähigkeiten

Die soziale Beziehung zwischen einem Neugeborenen und seinen erwachsenen Bezugspersonen ist bis zu einem gewissen Grad von der Natur gesteuert: Dies wird daran deutlich, dass Kinder von Geburt an eine besondere Vorliebe für das menschliche Gesicht, die menschliche Stimme sowie den menschlichen Geruch, v. a. den der Mutter, zeigen. In seinem Aussehen weist ein Säugling gleichzeitig ganz bestimmte Merkmale auf, für die der Verhaltensforscher Konrad Lorenz die Bezeichnung „Kindchen-Schema" geprägt hat. Diese wecken beim Erwachsenen eine Art Beschützerinstinkt und ein Gefühl von Zuneigung. Dazu gehören ein verhältnismäßig großer Kopf, eine vorgewölbte Stirn, große Augen, eine kleine Stupsnase, runde Pausbacken und ein insgesamt draller, rundlicher Körperbau. Neben diesen Eigenschaften sind aber auch verschiedene Verhaltensweisen typisch, z. B. die Fähigkeit zum Blickkontakt, das Lächeln, das bereits nach der sechsten Lebenswoche eindeutig als Reaktion auf das Erscheinen der Mutter eingesetzt wird, oder das Schreien, das anfangs nur ein Hinweis auf innere Unlustgefühle ist, schon bald aber gezielt dazu eingesetzt wird, die elterliche Zuwendung zu gewinnen. Erwachsene sind darauf programmiert, auf das Kindchen-Schema und das damit verbundene Verhalten mit Zuwendung, behütender Fürsorge und den typischen Verhaltensweisen zu reagieren, die man als Erwachsener nur gegenüber einem Baby zeigt. Dazu gehört, dem Kind das Gesicht zuzuwenden, ihm verschiedene Gesichtsausdrücke in kindgerecht überspitzter, dramatisierter Form zu zeigen, seinen Blick festzuhalten, es anzulächeln, zu berühren, den Kopf zu bewegen und in verlangsamter, gedehnter Weise und hoher Stimmlage mit ihm zu sprechen. Diese von der Natur eingerichteten Eigenschaften stellen aber nur die Grundausstattung für das soziale Zusammenleben dar; die konkrete Wechselbeziehung und die daraus entstehenden Bindungen müssen sich die Eltern und ihr neues Familienmitglied gemeinsam „erarbeiten".

Hier geht es v. a. darum, dass das Kind durch verlässliche, liebevolle und einfühlsame Fürsorge ein Urvertrauen aufbauen kann, das die Grundlage für alle späteren Beziehungen bilden wird.

Kennzeichen einer guten Eltern-Kind-Bindung

Wie menschliche Beziehungen entstehen und sich festigen, erfährt jedes Kind in prägender Weise durch die Bindung an eine ständige Bezugsperson, die seine Grundbedürfnisse befriedigt und ihm gleichzeitig Körperkontakt, Nähe und sozialen Austausch bietet.

INFO

Sensible Reaktion

Wie positiv sich die Beziehung zu Ihrem Kind gestaltet, hängt in entscheidendem Maße davon ab, wie feinfühlig Sie als Bezugsperson seine Bedürfnisse und Signale registrieren und darauf reagieren.

Auf dem Weg zu einer gesunden und förderlichen Eltern-Kind-Bindung geht es weniger um einzelne Entscheidungen, als vielmehr um die grundsätzliche Haltung, die Sie Ihrem Kind vermitteln. Deshalb sollten Sie besonders in den ersten Lebensmonaten rasch und zuverlässig reagieren, wenn Ihr Kind weint. Sie müssen es nicht bei jedem Schrei aus dem Bettchen nehmen, aber signalisieren Sie ihm, dass Sie anwesend sind, und zeigen Sie, dass Sie ihm beistehen und Trost anbieten können. Nur Kinder, die von Anfang an erlebt haben, dass man sich liebevoll um sie kümmert, wenn sie Nähe und Unterstützung suchen, werden diese sozialen Verhaltensmuster später auch ihren Mitmenschen gegenüber anwenden können. Damit Ihr Kind sich im Umgang mit Ihnen als mitbestimmend erleben kann, sollten Sie versuchen, sein Verhalten und seine Reaktionen auf Sie genau zu beobachten und darauf einzugehen. Ist ein Baby beispielsweise durch einen plötzlichen, intensiven Blickkontakt überfordert, so wird es seinen Blick abwenden, vielleicht die Augen schließen und so mit seiner ganzen Körperhaltung zeigen, dass es ihm zu viel ist.

Die meisten Mütter bzw. Väter merken so etwas intuitiv und bauen in die Beschäftigung mit ihrem Sprössling kleine Pausen ein, in denen sie seine Signale unbewusst aufnehmen und interpretieren. Auf diese Weise können sie sofort reagieren, z. B. indem sie das Kind beruhigen, sanfter mit ihm sprechen und ihm Zeit geben, sein noch sehr leicht zu erschütterndes, inneres Gleichgewicht wiederherzustellen. So entsteht schon sehr früh ein ganz spezielles, auf beide Seiten abgestimmtes Interaktionsmuster zwischen Eltern und Kind.

Wenn Ihr Sprössling auf diese Weise immer wieder die Erfahrung macht: „Es ist jemand für mich da, ich bin nicht allein; wenn ich Angst habe, wird Mama mich trösten!", dann fühlt er sich später auch sicher genug, um abenteuerlustig und mutig seinen Forscherdrang auszuleben. Das ist bekanntlich die beste Voraussetzung für eine optimale Entwicklung in allen Lebensbereichen.

Spielidee

Mit den Haaren kitzeln

Dieses einfache Spielchen soll Ihnen und Ihrem kleinen Liebling Freude bereiten und gleichzeitig Ihre gegenseitige Aufmerksamkeit für die Reaktionen des anderen fördern. Am besten spielen Sie es nach dem Baden, wenn das Baby bis auf die frische Windel noch völlig nackt und entspannt daliegt. Wenn Ihre Haare lang genug sind, eignen sie sich wunderbar, um den kleinen Nackedei damit zu kitzeln und zu streicheln; falls nicht, können Sie statt der Haare auch eine Feder oder ein Kuscheltier benutzen. Kitzeln Sie an verschiedenen Körperstellen, am Bauch, im Gesicht, an Händen und Füßen, und machen Sie zwischen jeder neuen Kitzel-Attacke eine kurze Pause. Während dieser können Sie etwas Spannung aufbauen, indem Sie langsam die Augenbrauen nach oben ziehen, Augen und Mund weit öffnen und in sich steigernder Tonhöhe und Lautstärke sagen: „Soll ich dich kitzeln?" Beobachten Sie, wie Ihr Kind auf diesen sogenannten „Gruß-Gesichtsausdruck" reagiert! Zeigt es Freude, dann können Sie die Spannung noch etwas erhöhen. Sobald es sich abwendet, sollten Sie eine Pause machen!

Spielidee

Wer kommt in meine Arme?

Entfernen Sie sich einige Schritte von Ihrem Kind und drehen Sie sich dann zu ihm um. Breiten Sie Ihre Arme aus und rufen Sie: „Wer kommt in meine Arme?" Wenn das Kind auf Sie zuge-laufen kommt, nehmen Sie es auf und schwenken es zwei oder drei Mal im Kreis herum. Dabei wird es vor Freude jauchzen! Dann können Sie den klei-nen Hüpfer wieder absetzen und das Spiel beginnt von vorn. Für Kinder ab einem Jahr.

Eigene Gefühle in den Griff bekommen

Während seines ersten Lebensjahres er-fährt ein Kind seine Gefühle noch sehr unmittelbar. Die emotionalen Erfahrun-gen, die das Kind während des ersten Lebensjahres im Umgang mit seinen Be-zugspersonen macht, ermöglichen ihm in den folgenden Monaten und Jahren nach und nach, seine Gefühle besser zu regulieren. So lernt es z. B. Angst oder Wut im Zaum zu halten – eine wichtige Fähigkeit im Umgang mit anderen Men-schen. Dieser Lernprozess ist allerdings sehr mühsam. Das Spielen ist allerdings eine gute Möglichkeit, die ganze Palette von Emotionen kennenzulernen. Gleich-zeitig wird man bei dieser Gelegenheit mit den Stimmungen der Mitspieler kon-frontiert und lernt diese einzuschätzen.

Einfühlungsvermögen und Mitgefühl für andere

Erst im zweiten Lebensjahr begreift ein Kind allmählich, dass zwischen den eige-nen Gefühlen und denen anderer Men-schen ein Unterschied bestehen kann. Wenn es jetzt ein anderes Kind weinen sieht, versteht es dessen Traurigkeit und versucht es zu trösten. Diese ersten For-men des Einfühlungsvermögens sind möglich, weil das Kind in dieser Zeit auch in seiner geistigen und sprachli-chen Entwicklung so weit fortgeschrit-ten ist, dass es sich mithilfe von Wörtern an bestimmte Situationen erinnern und sich vorstellen kann, mit welchen Gefüh-len diese verbunden sind – Gefühle, die es selbst schon gehabt hat. In den fol-genden Jahren nimmt die Fähigkeit, sich in die Gefühle, Sorgen und Ängste von anderen hineinzuversetzen, mehr und mehr zu. Mit etwa zwei Jahren sollten Sie daher den Kontakt Ihres Kindes zu anderen Kindern fördern, indem Sie es mit ihnen spielen lassen. Sorgen Sie dafür, dass ausreichend Spielmaterial zur Verfügung steht. Sie können die Kleinen z. B. gemeinsam puzzeln lassen.

Bei solchen Spielen lernen Kinder unter der Anleitung von Erwachsenen, wie man etwas gemeinsam fertigstellen kann und dass dies meist schneller geht, als wenn man alleine vor einem großen Berg von Puzzleteilen sitzt. Indem die kleinen Spielkameraden das Verhalten nachahmen, das sie bei Erwachsenen beobachten, eignen sie sich mehr und mehr Verhaltensweisen an, die auf das Zusammensein mit anderen ausgerichtet sind. Solche sozialen Handlungen werden wiederum durch die Eltern belohnt, die sich freuen und ihr Kind loben, wenn es seine Spielsachen mit anderen teilt oder freundlich und fürsorglich gegenüber Jüngeren ist.

Mit Nachahmungsspielen übt Ihr Kind die sozialen Verhaltensweisen ein, die es bei den Erwachsenen beobachtet hat. Erwachsene haben eine eindeutige Vorbildfunktion. Wenn Sie eine bestimmte Verhaltensweise von Ihrem Kind erwarten, sollten Sie ihm diese auch vorleben.

Bei dem folgenden Spiel schlüpft Ihr Kind in die Rolle der Eltern und lernt, sich um das imaginäre Baby zu kümmern und sich in das Kind hineinzuversetzen, wie es ihm die Eltern vormachen. Für Kinder ab zwei Jahren.

Spielidee

Heute ist Puppen-Badetag!

Material: wasserfeste Puppe, Plastikschüssel als Badewanne, warmes Wasser, Waschlappen, Seife, Handtuch. Lassen Sie ein wenig handwarmes Wasser in die Schüssel ein; Ihr Kind wird es lieben, darin herumzuplantschen. Nun muss die Puppenmama bzw. der Puppenpapa das Puppenbaby entkleiden. Dann kommt es in die Wanne und wird mit dem Waschlappen gewaschen. Weisen Sie Ihr Kind darauf hin, dass das Püppchen vielleicht ein wenig Angst im Wasser hat oder dass es weinen könnte, wenn es wieder aus der Wanne heraus muss. Dann sind die Puppeneltern gefragt, die es mit zärtlichem Streicheln und tröstenden Worten beruhigen. Nach dem Bad wird das Puppenbaby abgetrocknet und wieder angezogen, damit es nicht friert und es kuschelig warm hat.

Ich bin ich und du bist du

Ein Bild von sich selbst entwickeln

Nach und nach bekommt Ihr Kind auch ein Gefühl für sich selbst als Person. Es empfindet sich selbst als Individuum gegenüber seiner Umwelt, über die es

TIPP

Teilen ist toll!

Etwas zu teilen ist nicht leicht! Kleine Kinder können manchmal ziemlich egoistisch sein; sie müssen erst noch lernen, andere zu berücksichtigen und zu verstehen, dass auch sie Wünsche und Bedürfnisse haben. Durch Ihr immer wieder erfahrbares Vorbild im Alltag können Sie Ihrem kleinen „Geizhals" beibringen, auch an andere zu denken. Wenn Sie z. B. für Papa etwas von der leckeren Pizza aufheben oder immer wenn Sie dem Kind ein Eis kaufen, dem kleinen Geschwisterchen auch eines holen, dann lernt es, die Bedürfnisse von anderen wahrzunehmen und zu respektieren. Um für andere auf etwas zu verzichten, braucht es eine Menge Selbstdisziplin und Einfühlungsvermögen. Loben Sie Ihr Kind daher, wenn es etwas mit jemandem teilt, denn das ist ihm bestimmt nicht leicht gefallen!

großen Fortschritt gemacht hat. Ihr Kind muss weiterhin lernen, das Bild von sich selbst gegenüber dem von anderen Personen abzugrenzen. Der Ausruf „Das ist meins!" wird zum Lieblingssatz. Der kleine Nimmersatt möchte am liebsten alles, was irgendwie verfügbar ist, in seinen Besitz überführen, um damit sein neu erworbenes Ich-Bewusstsein zu festigen. Dass andere vielleicht ähnliche Ansprüche anmelden, ist dabei erst einmal nebensächlich. Das führt natürlich auf dem Spielplatz, im Kindergarten oder unter Geschwistern häufig zu Streitereien und Besitzkämpfen. So ein Dreikäsehoch muss eben lernen, dass ihm nicht alles auf der Welt gehört.

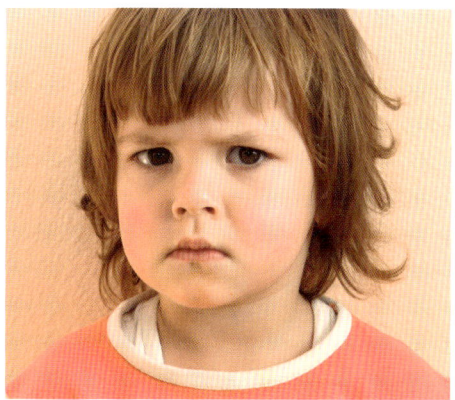

Kleiner Trotzkopf

Die Ich-Abgrenzung zeigt sich z. B. darin, dass das Kind viele Situationen allein

Neues in Erfahrung bringen und Dingen eine Bedeutung zuschreiben kann. Etwa zum dritten Geburtstag hin beginnt das Kind sich selbst mit dem Wörtchen „ich" zu bezeichnen und stellt damit auf sprachlichem Weg unter Beweis, dass es in seiner psychischen Entwicklung einen

bewältigen möchte. Es weist Hilfsangebote auf einmal empört zurück. Aber auch in Situationen, in denen es sich offensichtlich überschätzt, will es sich seine Selbstständigkeit ertrotzen. In diesem Fall macht ein Kind zwangsläufig die Erfahrung, dass sich die eigenen Wünsche und die tatsächliche Durchführbarkeit nicht immer decken. Das kann zu wütenden Reaktionen führen. Diese sogenannte „Trotzphase" entsteht daraus, dass sich das Kind bei dem Bemühen, ein stabiles Selbstkonzept zu entwickeln, oft mit Frustration und Unsicherheit auseinander setzten muss. Letztendlich ist das wichtig, um die eigenen Grenzen kennenzulernen und ein gesundes Selbstbewusstsein und Selbstwertgefühl zu entwickeln. Um Ihrem Kind und sich selbst die Trotzphase zu erleichtern, können die folgenden Tipps hilfreich sein:

1. Dem Kind den Freiraum für eigene Entscheidungen gewähren, wenn dies vernünftig ist.

Ihr Kind sollte die Erfahrung machen, mit seinem eigenen Willen etwas entscheiden und veranlassen zu können! Wenn es das, was es heute anzieht, allein aus dem Schrank holen will, dann lassen Sie das ruhig zu. Ein bisschen Unordnung ist kein zu hoher Preis für ein

gesundes, kindliches Selbstbewusstsein. Außerdem unterstützen Sie so die Selbstständigkeit Ihres Kindes. Loben Sie jeden kleinen Erfolg und ermutigen Sie Ihr Kind zu einem erneuten Versuch, wenn etwas misslingt.

2. Klare Grenzen setzen.

Die Wünsche des Kindes, eigene Vorstellungen durchzusetzen und Entscheidungen selbst in die Hand zu nehmen, müssen auf Grenzen stoßen, wenn seine Sicherheit oder die anderer gefährdet ist. Einfache, nachvollziehbare Ge- und Verbote, deren Einhaltung konsequent durchgesetzt wird, sind gefragt. Dabei gilt: Weniger ist mehr! Seien Sie sparsam mit Verboten, sonst verlieren diese zunehmend an Bedeutung.

3. Die Position des anderen deutlich machen.

Scheuen Sie sich nicht, persönliche Wünsche auf liebevolle Art deutlich zu machen. Auf diese Weise erlebt Ihr Kind, dass auch andere Menschen (und sogar seine Eltern) eigene Bedürfnisse haben.

4. Das Kind als Person respektieren.

Zeigen Sie Ihrem Kind durch Ihr Verhalten, dass Sie seine Wünsche und Bedürfnisse verstehen, auch wenn sie vielleicht im Moment nicht erfüllt werden können. Sie müssen mit einem Kind in diesem

Alter noch keine stundenlangen Diskussionen führen, denen es ohnehin noch nicht folgen kann. Es ist auch überfordert, wenn es sich zwischen mehr als zwei Alternativen entscheiden muss.

Spielidee

Du, ich und der Ball

Material: ein nicht zu kleiner Ball. Setzen Sie sich mit gegrätschten Beinen Ihrem Kind gegenüber und rollen Sie den Ball zwischen sich hin und her. Wenn Sie sich nach kurzer Zeit den Ball gegenseitig mit den Händen geben, verlangt das schon ein wenig mehr Abstimmung. Halten Sie dann den Ball nach oben, sodass sich Ihr Kind strecken muss. Schließlich kann sich der kleine Sportler mit den Ellbogen nach hinten aufstützen und die Beine in die Luft strecken. Geben Sie ihm nun den Ball auf die Füße – kann er ihn halten oder fällt er herunter? Für Kinder ab drei Jahren.

Sexualität und Geschlecht

Ein dreijähriges Kind weiß bereits, ob es ein Junge oder ein Mädchen ist. Es beginnt nun auch damit, sich für die biologischen Unterschiede von Männern und Frauen zu interessieren und stellt Fragen dazu, die die Eltern im ersten Moment oft etwas überrumpeln. Tatsächlich genügt es den neugierigen Kleinen vorerst, wenn Sie die Dinge einfach beim Namen nennen. Wenn Sie Ihrem Kind die Fragen zu Geschlecht und Sexualität unverkrampft und offen beantworten, dann wird es später auch selbst in dieser Weise mit dem Thema umgehen. Gleichzeitig mit der Erkenntnis des eigenen Geschlechts beginnt ein Kind auch, sich am Verhalten des gleichgeschlechtlichen Elternteils zu orientieren und sich mit seiner Geschlechtsrolle zu identifizieren. Wie sich Männer und Frauen zu verhalten haben, lernen Kinder zunächst dadurch, dass sie schon früh für Verhalten belohnt werden, das dem für ihr Geschlecht typischen entspricht. So wird z. B. dem kleinen Jungen mehr Aufmerksamkeit zuteil, wenn er gängige Jungenspiele, wie Fußball oder Autorennen, spielt, als wenn er sich mit Puppen beschäftigt. Außerdem haben die Kleinen ihre Vorbilder täglich vor der Nase und imitieren deren Verhalten. Beispielsweise beobachtet ein Mädchen, wie seine Mama das kleine Geschwisterchen versorgt, und spielt dies mit seiner Puppe nach. Mit vier bis fünf Jahren tauchen dann häufig weitere Fragen auf: Woher kommen die Babys? Wie kommen sie in Mamas Bauch und wieder heraus?

Es ist normal, dass sich Kinder in diesem Alter intensiv mit ihrem Bauchnabel und ihren Genitalien beschäftigen, sie anfassen und daran herumspielen. Üblich ist auch, dass Vier- bis Fünfjährige häufiger Witze oder Sprüche machen, in denen Fäkalausdrücke vorkommen. Wenn Kinder in diesem Alter langsam anfangen, so etwas wie Privatsphäre für sich einzufordern, so sollte dieser Wunsch auf alle Fälle respektiert werden.

Kontakt zu anderen Kindern

Ich komme in den Kindergarten

Mit drei Jahren hat ein Kind schon viele, in seiner Familie übliche, soziale Umgangsformen gelernt. Mehr und mehr löst es sich von jetzt an aus den unmittelbaren häuslichen Zusammenhängen und sucht Kontakt zu anderen, v. a. zu gleichaltrigen Kindern. Dies spricht dafür, Kinder ab diesem Alter in einen Kindergarten gehen zu lassen. Damit vollzieht sich ein einschneidender Schritt im Leben des Kindes, aber auch im Leben der Eltern. Die enge und von größtmöglicher Nähe gekennzeichnete Eltern-Kleinkind-Bindung verändert sich, Ihr Kind wird selbstständiger. Es macht zunehmend Erfahrungen mit anderen, an denen Sie nicht beteiligt sind. Das kann für beide Seiten eine große Umstellung sein. Je mehr Ihr Kind jedoch schon vor dem Eintritt in den Kindergarten an den Umgang mit anderen Kindern und Erwachsenen gewöhnt ist, desto leichter wird es ihm fallen, sich später jeden Morgen von Ihnen zu trennen. Im Kindergarten lernen die Kleinen dann vermehrt Spiele kennen, die den Gemeinschaftssinn fördern, wie Fangspiele, Puzzle oder Gruppenspiele. Im Zusammensein mit Gleichaltrigen sammeln sie Erfahrungen, die sonst in vergleichbarer Art und Weise nicht gemacht werden können. Diese bestehen, im Unterschied zu den bisherigen Beziehungen zu Erwachsenen, v. a. darin, dass die Altersgenossen dem Kind auf gleicher Augenhöhe begegnen. Das bedeutet, dass alle Beteiligten Verantwortung übernehmen müssen, wenn ein Gespräch oder ein Gemeinschaftsspiel am Laufen gehalten werden, ein gemeinsames Ziel festgelegt oder eine bestimmte Entscheidung getroffen werden soll. Ein lustiges, kommunikatives Spiel für mehrere Kinder wird im Folgenden vorgestellt. Für Kinder zwischen drei bis fünf Jahren.

Spielidee

Armer Schwarzer Kater

Alle Mitspieler setzen sich in einen Kreis. Mit einem Abzählreim wird ein Kind bestimmt, das den „Schwarzen Kater" spielt. Der Kater krabbelt auf allen Vieren nach und nach zu jedem Mitspieler, reibt sich an seinem Bein, streckt seine Krallen nach ihm aus und miaut herzzerreißend. Das jeweilige Kind soll ihm dabei drei Mal ganz ernst über den Kopf streicheln und sagen: „Armer Schwarzer Kater!" Wer dabei lacht, muss als Nächster in die Mitte und den „Schwarzen Kater" spielen!

Wollen wir gemeinsam spielen?

Bereits zu Anfang des Kapitels wurde darauf hingewiesen, dass das Spielen für die Entwicklung von sozialen Fähig-keiten eine unermesslich große Bedeutung hat. In diesem geschützten Rahmen können Kinder ohne Befangenheit, Anspannung oder Zwang die Regeln für einen erfolgreichen Umgang miteinander kennenlernen. Kinder unter zwei Jahren, deren Selbstkonzept und auch -kontrolle sich noch nicht ausreichend entwickelt haben, sind noch nicht in der Lage, richtig mit anderen Kindern zu spielen. Sie zeigen zwar schon Interesse, begnügen sich aber meist damit, den anderen zuzuschauen und für sich allein zu spielen. Danach ändert sich dieses Verhalten allmählich und Gleichaltrige werden immer attraktiver. Wenn der Spielkamerad in dieser Zeit mit Bauklötzchen spielt, wird Ihr Kind ebenfalls etwas bauen wollen. Die beiden spielen dann zwar noch nicht richtig miteinander, aber sie genießen es schon, nebeneinander zu sitzen, den anderen zu beobachten und auf diese Weise kennenzulernen. Nach und nach nehmen die beiden mehr Kontakt zueinander auf; sie verhalten sich zunehmend sozial. Da werden dann z. B. die Bauklötzchen untereinander ausgetauscht: „Ich brauche noch einen roten Stein", „Du kannst dafür zwei blaue von mir haben". Oder die Tätigkeit des anderen wird kommentiert: „Das ist aber ein ganz großer Turm geworden."

Tierpädagogik: Streicheleinheiten fürs Ego!

In der Erlebnispädagogik geht es darum, Kinder mit neuen Situationen zu konfrontieren und sie dadurch in ihrem Mut und Selbstvertrauen zu stärken. Der Umgang mit Tieren ist fester Bestandteil der Erlebnispädagogik, da bereits Kleinkinder in der Konfrontation mit Tieren lernen, Ängste zu überwinden, Vertrauen zu fassen und Sensibilität gegenüber anderen Lebewesen zu entwickeln. Bei älteren Kindern kann man durch den Umgang mit eigenen Haustieren, um die sich die Kinder (mit Unterstützung der Eltern) kümmern, auch das Verantwortungsbewusstsein schulen.

Die Konfrontation mit Tieren ist nicht nur ein erlebnispädagogischer Ansatz, sondern wird auch zur therapeutischen Behandlung geistig und körperlich behinderter Kinder erfolgreich eingesetzt. Der Umgang mit Tieren tut Ihrem Kind also auf jeden Fall gut – dennoch darf nicht vergessen werden, dass es sich um Lebewesen handelt, die Aufmerksamkeit und Pflege brauchen. Die Erlebnispädagogik sieht daher auch nicht zwingend vor, dass Kinder eigene Haustiere besitzen müssen. Schon der regelmäßige Umgang mit fremden Tieren (z. B. der Hund des Nachbarn) schult Kinder und macht Freude.

TIPP

Streichelzoo

Besuche im Streichelzoo eignen sich ideal, um die Kleinen an die Tierwelt heranzuführen. Ein Streichelzoo, der Ziegen, Ponys und Kaninchen beherbergt, gefällt besonders Kleinkindern gut. Die Tiere im Streichelzoo sind in der Regel handzahm. Die Kinder können so in direkten Kontakt mit den Tieren treten (sie streicheln und füttern) und so eigene (Grenz-)Erfahrungen erleben.

Das eigentlich „soziale", interaktive und kooperative Spiel tritt meist erst mit etwa drei Jahren auf. Dann sind Kinder sowohl sprachlich, als auch geistig und psychisch in der Lage, mit anderen ein gemeinsames Ziel auszuhandeln, auf das man seine Spielhandlungen ausrichtet. Wenn also Ihr Kind gemeinsam mit seinem Freund oder seiner Freundin beschließt, einen Turm zu bauen, dann müssen sich die beiden darauf einigen, immer abwechselnd einen Baustein aufeinander zu stapeln, denn wenn es beide gleichzeitig versuchten, würden sie sich behindern und der Turm einstürzen.

TIPP

Fantasiewelt

Rollenspiele sind für Kinder zwischen vier und fünf Jahren eine optimale Möglichkeit, ihr soziales Verhaltensrepertoire zu trainieren und zu erweitern. Dabei können fremde und eigene Handlungsweisen auf die Spielsituation übertragen werden. Die Kinder können endlich einmal das sein, was sie sich schon lang erträumt haben: ein Pilot, ein Arzt, ein Feuerwehrmann oder ein Polizist. Gleichzeitig müssen sie sich in hohem Maße auf ihre Mitspieler einstellen. Insofern lernen Kinder sich selbst und andere immer besser kennen.

Spielidee

Ein Kamel geht durch die Wüste

Material: großes Badetuch oder Decke. Es stehen immer zwei Kinder hintereinander. Indem Sie ihnen die Decke über die Köpfe hängen, werden sie zu einem Kamel mit zwei Höckern. Nun läuft das Kamel durch die Wüste: Die Kinder müssen sich beim Laufen aufeinander abstimmen, damit sich Vorder- und Hinterteil des Kamels nicht gegenseitig in die Quere kommen. Das ist gar nicht so einfach, wenn man nichts sieht!

Wenn sich die beiden nicht gleichmäßig miteinander bewegen, wird die Decke herunter rutschen. Wenn mehr als zwei Mitspieler da sind, können Sie auch ein Kamel-Wettrennen veranstalten. Dafür wird eine bestimmte Strecke abgesteckt, auf der jeweils zwei solcher „Kamele" um die Wette laufen. Ab drei Jahren.

Die wechselseitige Kommunikation wird nach und nach komplexer und ausgefeilter, z. B. durch Spiele, die es erfordern, dass der eine auf den anderen reagiert. Kinder können gemeinsame Rollenspiele gestalten, die bestens dafür geeignet sind, die sozialen Fähigkeiten weiter zu trainieren.

Sandkastenfreunde

Ab etwa vier Jahren spielt Ihr Kind mit Ausdauer innerhalb seiner Gruppe im Kindergarten; manchmal ist es so beschäftigt und in sein Spiel vertieft, dass es Sie gar nicht bemerkt, wenn Sie zum Abholen kommen. In dieser Zeit beginnen sich, die ersten Freundschaften unter Kindern zu entwickeln. Diese sind aber in der Regel noch nicht so fest und beständig, wie wir das aus der Schule kennen. Unter Kindergartenfreunden kommt es normalerweise noch häufig zu Streit. Wenn die beste Freundin mit einem anderen Kind spielt oder wenn sich Kinder ärgern, heißt es schnell: „Du bist nicht mehr mein Freund!"

Trotzdem lernen die Kleinen schon in diesem frühen Alter eine Menge über Freundschaft: Sie wissen, dass Freunde Menschen sind, die einen besonders gern haben, und dass man mit Ihnen spielen und Spaß haben kann. In der Beobachtung von Kindergartenfreundschaften haben Wissenschaftler festgestellt, dass sich Freunde mit mehr Freude aufeinander einlassen, öfter miteinander reden und lachen, ihr Spielzeug teilen, mitfühlen und sich gegenseitig gegen andere verteidigen. Wenn Kinder frühzeitig lernen, wie man Freundschaften knüpft und hält, dann werden sie sich auch später in der Schule wesentlich besser einfügen können.

Ich bin schon groß und vernünftig ...

Mit fünf Jahren haben Kinder schon viele soziale Fähigkeiten entwickelt. Sie sollten gelernt haben, ihre eigenen Gefühle wie Wut oder Angst meist zu regulieren. Dabei hilft es, wenn ein Kind im Elternhaus einfühlsame und unterstützende Zuwendung erfährt und Lob für erfolgreiche Selbstkontrolle erhält. Falls Ihr Sprössling doch einmal etwas angestellt hat, kann man ungefähr ab dem dritten Lebensjahr beobachten, dass er ein Gewissen entwickelt hat: Die Ge- und Verbote der Eltern sind jetzt übernommen – falls er sie übertritt, empfindet er Schuld-, Scham- und Reuegefühle. Im Kindergarten gehören Fünfjährige schon zu den Größeren und sie sind sich stolz bewusst, dass von ihnen erwartet wird, „vernünftig" zu sein, Geduld und Fürsorge für Kleinere aufzubringen und den Kindern zu helfen, die etwas noch nicht allein schaffen. Die Vorbildfunktion, die sie dabei für andere übernehmen, stärkt das Selbstbewusstsein und das Selbstwertgefühl und motiviert sie so immer wieder, die sozial anerkannten Verhaltensweisen einzusetzen.

Spiele zur Förderung des sozialen Verhaltens

Die folgenden Spiele fördern die Entwicklung sozialer Fähigkeiten durch mehrere Mitspieler. Sie selbst sind hier meist als Spielleiter gefragt, der die Spielregeln erklärt, darauf achtet, dass sie konsequent eingehalten werden und der Konflikte bewältigen hilft. Bei dem ersten Spiel stehen sich jeweils zwei Kinder gegenüber und tanzen so, wie es das Lied gerade vorgibt: Sie reichen sich die Hände, gehen zusammen nach links und dann nach rechts; schließlich laufen sie einmal im Kreis. Für Kinder zwischen drei bis fünf Jahren.

Spielidee

Brüderchen, komm tanz mit mir

Brüderchen, komm tanz mit mir! Beide Hände reich ich dir. Einmal hin, einmal her, rundherum das ist nicht schwer!
Ei, das hast du fein gemacht, ei, das hätt ich nicht gedacht. Einmal hin ...
Mit den Füßchen trapp, trapp, trapp, mit den Händen klapp, klapp, klapp. Einmal hin ...
Mit dem Köpfchen nick, nick, nick, mit dem Fingerchen tick, tick, tick. Einmal hin ...
Noch ein Mal das schöne Spiel, weil es mir so gut gefiel: Einmal hin ...

Das folgende Spiel erfordert einiges an Kooperation und ist dabei auch noch sehr lustig. Ein echter Hit, der sich auch bei Kindergeburtstagen gut einsetzen lässt! Geeignet ist das Spiel für mindestens vier Mitspieler.

Spielidee

Die Mumie

Material: Klopapierrollen. Die Kinder werden in Mannschaften von jeweils zwei Mitspielern eingeteilt. Auf ein Kommando hin soll eines der beiden Kinder möglichst schnell von dem anderen mit Toilettenpapier umwickelt werden, damit es wie eine Mumie aussieht. Das Kind, das umwickelt wird, hilft selbst dabei mit, indem es seinen Körper dreht. Nach fünf Minuten kommt das Schluss-Signal; die Mannschaft, deren Mumie am weitesten eingewickelt ist, hat gewonnen.

Viele Spiele, die dafür sorgen, dass sich Kinder an der frischen Luft bewegen und damit Spaß machen, helfen, dass diese in Interaktion mit anderen Kindern treten. So eignet sich auch z. B. das klassische Fangenspielen für einen lustigen Nachmittag mit viel Spiel und Spaß!

Auf zu neuen Ufern - Kreativität

Jedes Kind kann kreativ sein

Die Welt, in der wir leben, ist sehr vielschichtig und befindet sich ständig im Wandel. Das, was gestern noch richtig war, ist heute schon ein „alter Hut" und die Zukunft hält unendlich viel Neues bereit. Kreative Menschen, die in der Lage sind, sich rasch auf unbekannte Situationen einzustellen und Freude daran haben, eigene Ideen zu entwickeln, sind für die Anforderungen der heutigen Zeit am besten gerüstet und können sowohl für sich selbst als auch für die Gesellschaft viel erreichen. Der Begriff „Kreativität" leitet sich von dem lateinischen Wort „creare" ab, das so viel wie „hervorbringen, erschaffen" bedeutet. Kreative Menschen sind also diejenigen, die sich etwas Neues einfallen lassen, mit ungewöhnlichen Methoden arbeiten, flexibel sind und Fantasie besitzen. Kreativ ist man, wenn man althergebrachte Regeln an die neuen Verhältnisse anpasst, alte Schemata verlässt, neue Wege beschreitet und unerwartete, verzwickte Situationen als Herausforderung betrachtet, anstatt sich vor ihnen zu fürchten. Kinder mit ihrer produktiven Kraft, ihrer Neugier und ihrem schöpferischen Potenzial bringen alle nötigen Voraussetzungen mit, die sie für kreatives Handeln und Denken brauchen. Um ihre kreativen Anlagen entwickeln zu können, benötigen sie jedoch eine liebevolle und großzügige Ausgangsbasis, von der aus Wissen und Kenntnisse vermittelt, Anregungen und Stimulationen bereitgehalten und Sicherheit sowie Raum für mutige neue Schritte geboten werden.

Kinder sind offen für Neues

Die Kindheit als die Anfangszeit des Lebens ist geprägt von Neugier und Offenheit. Kinder haben noch keine festgefahrenen Denk- und Handlungsmuster. Sie lassen sich vorurteilsfrei auf Neues ein, stehen unbekannten Dingen oder Vorgängen aufgeschlossen gegenüber und sind begierig darauf, in verschiedener Weise tätig zu werden. Die kleinen Forscher lassen keine Gelegenheit aus, den Dingen auf den Grund zu gehen; sie wollen alles kennenlernen, anfassen, wissen und hinterfragen. Dabei testen sie gerne auch eigenwillige, unkonventionelle Methoden, um zu erfahren, nach welchen Gesetzen die Welt aufgebaut ist. Kann man z. B. Kieselsteine mit der Küchenmaschine zerkleinern? Ist es möglich, statt der Fingernägel auch das Sofa und den Wohnzimmertisch mit Nagellack zu verschönern? Die besten Möglichkeiten für eine vielseitige Auseinandersetzung mit der Welt finden Kinder im Spiel, das deshalb ein optimaler Nährboden für die

Entwicklung von Kreativität ist. Da Wahrnehmung und Denken bei Kindern noch nicht auf bestimmte Herangehensweisen festgelegt sind, bleiben sie offen für neue Impulse.

Spielen schafft Freiräume

Im Spiel können Kinder sich ausleben, sie können die sonst geltenden Regeln außer Kraft setzen und das machen, was sie wollen. Das was sonst richtig ist, kann bei Spielen auf den Kopf gestellt werden, und es ist möglich, verrückte Dinge zu tun, zu toben, sich zu verkleiden und in verschiedene Rollen zu schlüpfen. Der Fantasie sind dabei keine Grenzen gesetzt, erlaubt ist, was gefällt und Spaß macht. Das alles verschafft Kindern den Freiraum, den sie brauchen, um ihre schöpferischen Kräfte zu mobilisieren.

Was braucht ein Kind, um kreativ zu sein?

Kreativität ist kein so abgrenzbarer und messbarer Entwicklungsbereich, wie z. B. die Wahrnehmung oder die Motorik, bei denen man durch bestimmte Tests nachprüfen kann, ob ein Kind die für sein Alter typischen Fähigkeiten entwickelt hat. Kreativität durchdringt vielmehr alle Bereiche der Entwicklung Ihres Kindes.

Lust am Suchen und Finden

In den ersten Monaten und Jahren seines Lebens konstruiert sich das Kind sein Bild von der Welt v. a. mithilfe seiner Wahrnehmung und seiner Bewegungsfähigkeit. Es ist interessiert an dem, was um es herum vor sich geht, schaut sich z. B. ausdauernd ein Bild an der Wand an, ist fasziniert von den Farben und Formen und saugt diese Erfahrung in sich auf. Seine Aufmerksamkeit gilt dabei von Anfang an den Dingen, die es noch nicht kennt und sich bewegen. Die Lust am Suchen und Finden, die durch entsprechende Angebote unterstützt werden kann, ist eine wichtige Komponente von Kreativität.

Spielidee

Wo ist es hin?

Material: verschiedene Spielzeuge, z. B. Teddy, kleiner Ball, Rassel, Tuch. Schauen Sie Ihr Kind zunächst aufmunternd an, zeigen Sie ihm jeweils ein Spielzeug und decken Sie dann das Tuch darüber. Fragen Sie nun neugierig: „Wo ist der Teddy hin?" Wenn Ihr Kind das Tuch wegzieht, rufen Sie: „Da ist er ja!". Für Kinder ab einem Jahr.

Sich etwas vorstellen können

Im Alter von etwa eineinhalb Jahren haben sich die geistigen Fähigkeiten eines Kindes so weit entwickelt, dass es jetzt genau weiß, dass Dinge und Personen kontinuierlich weiterexistieren, auch wenn sie gerade nicht zu sehen oder zu hören sind (vgl. Kap. 4; kognitive Fähigkeiten). Während es bis dahin die Gegenstände in seiner Umgebung vorwiegend mit Augen, Ohren, Mund und Händen erfassen konnte, entwickelt das Kind etwa zwischen dem 18. und dem 24. Lebensmonat allmählich die Fähigkeit, sich Dinge vorzustellen. Mithilfe dieser Vorstellungskraft und der Fähigkeit des abstrakten Denkens wird das Kind allmählich fähig, gezielter, schneller und flexibler seine Handlungen an bestimmte Situationen anzupassen, und ist damit weniger von den äußeren Gegebenheiten abhängig. Diese Fähigkeiten sind eine wichtige Voraussetzung für Kreativität, die als ein Teilbereich der Intelligenz angesehen werden kann. Doch nicht jedes Kind, das beim Intelligenztest hohe Werte erzielt, ist auch kreativ. Es liegt nämlich in der Natur der Kreativität, dass gerade die logischen, folgerichtigen und linearen Denkweisen überwunden werden müssen, um zu neuen, einzigartigen Ergebnissen zu kommen.

Spielidee

Wau-Wau, ich bin ein Hund!

Krabbeln Sie mit Ihrem Kind auf allen Vieren durch die Wohnung, bellen bzw. hecheln Sie und tun Sie so, als ob sie sich gegenseitig beißen wollten. Ihr Kleines wird sich ohne Schwierigkeiten diese Verwandlung vorstellen und sich in die Rolle des Hundes hineinversetzen können. Für Kinder ab zwei Jahren.

Aktivität und Bewegungsfreude

Während der ersten beiden Lebensjahre entwickelt Ihr Liebling zunächst grundlegende, motorische Fähigkeiten, wie

Greifen, Krabbeln, Stehen, Gehen und Laufen. Mit vier bis fünf Jahren sind die kleinen Sprinter aber schon so geschickt, dass sich diese ganz normalen motorischen Abläufe fast automatisch vollziehen. Stehen sie jetzt vor einer Situation, die sie mit den bekannten Bewegungsmustern nicht meistern können, fällt ihnen nach Möglichkeit eine kreative Lösung ein. Wenn ein Fünfjähriger z. B. mit seinen Fingern den Deckel eines Fläschchens nicht gleich aufbekommt, obwohl er es mit verschiedenen Techni-

Spielidee

Hast du den lustigen Peter nicht gesehen?

Ein Kind fragt ein anderes: „Hast du den lustigen Peter nicht gesehen?" Darauf antwortet der Gefragte mit einem „Doch!". Es wird weitergefragt: „Was hat er denn gemacht?" Darauf antwortet der Gefragte nicht mit Worten, sondern mit verschiedenen ausgedachten Gesten und lustigen Bewegungen (z. B. Hüpfen auf einem Bein, Humpeln, auf dem Bauch kriechen usw.), die die anderen Mitspieler nachahmen müssen. Das Kind, das zuerst gefragt wurde, kann in der nächsten Runde einem anderen Kind die Frage nach dem Peter stellen. Für Kinder ab vier Jahren.

ken probiert hat, dann setzt er vielleicht seine Zähne dazu ein, um kräftig an dem winzigen Deckel zu ziehen, bis er schließlich aufgeht. Er hat dazu vorhandenes Wissen (meine Kiefer haben Kraft, ich kann mit meinen Zähnen fest zubeißen) auf eine völlig unübliche Situation angewandt und damit eine kreative Lösungsmöglichkeit für sein Problem gefunden.

Kindliche Fantasie

Gegen Ende des dritten Lebensjahres scheinen Kinder vor Fantasie nur so zu sprudeln. Sie denken sich Märchen aus, in denen Hexen, Prinzen und Zauberer abenteuerliche Dinge erleben. Sie erschaffen in ihren Geschichten magische Kreaturen, Elfen, Kobolde, Wurzelmännchen und Werwölfe. Kennzeichnend ist dabei am Anfang, dass Fantasie und Wirklichkeit noch nicht ganz klar voneinander abgegrenzt werden können. Deshalb sollten Sie Geduld und Verständnis aufbringen, wenn Ihr Kleinkind sich vor dem gruseligen Monster in seinem Schrank fürchtet oder mit einem unsichtbaren Freund Gespräche führt. Eine spöttische oder gar ablehnende Haltung ist hier auf keinen Fall angebracht, denn Kinder können auf diese Weise nicht nur ihre Erlebnisse und Ängste aufarbeiten, sondern sie lernen auch, ihre Gedanken schweifen zu lassen, Dinge zu erfinden und ihre geistigen Fähigkeiten zu erweitern. Aus diesem Grund ist es wichtig, dass Kinder in diesem Alter verschiedene Märchen kennenlernen mithilfe von Büchern, Erzählungen oder Hörspielen.

Auch für die nächste Spielidee sollte Ihr Sprössling mit einigen gängigen Märchen vertraut sein.

Spielidee

Kunterbunter Märchen-Mix

Alle Mitspieler erfinden gemeinsam ein Fantasie-Märchen, indem sie abwechselnd Teile aus verschiedenen bekannten Märchen erzählen, z. B.: „Es war einmal eine Geiß, die hatte sieben junge Geißlein …". „Eines Tages bekamen sie Besuch von Schneewittchen, das sich im Wald verlaufen hatte …". „Zusammen wanderten sie alle zu einem Pfefferkuchenhaus, in dem ein gestiefelter Kater wohnte …" usw. Für Kinder ab vier Jahren.

Versuche und Experimente

Kinder sind geborene Forscher; sie wollen alles erkunden, befühlen, auseinandernehmen und damit experimentieren. Sie lernen am besten, wenn sie sich selbsttätig mit den Dingen, die sie interessieren, auseinandersetzen können. So werden Sie z. B. beobachten können, wie Ihr Sprössling mit einem Kugelschreiber experimentiert, um herauszufinden, wie er funktioniert. Häufige Kinderfragen sind auch: „Wie stellt man eine Angel her?", „Wie baut man ein tolles Baumhaus?" Da theoretische Anleitungen noch viel zu kompliziert für die kleinen Forscher sind, ist die Devise: „Learning by doing". Durch aktives Handeln werden die Beschaffenheit, der Aufbau und die Funktionsweise der Gegenstände erlebbar und die Zusammenhänge deutlich. Dabei lassen sich durch das Experimentieren Einblicke in verschiedenste Lebensbereiche gewinnen, die dem kleinen Forscher in seiner späteren, schulischen Laufbahn von großem Nutzen sind. Wenn ein Kind mit

Murmeln spielt, Bauwerke errichtet oder Spielsachen auseinandernimmt, dann befasst es sich bereits mit Formen, Technik und Ursache und Wirkung.

Das gilt in gleicher Weise für den ersten Zugang zur Biologie und Naturwissenschaft, den die Kleinen z. B. dadurch bekommen, dass sie im Wald, auf Wiesen, am See oder auch nur am Wegesrand auf Entdeckungstour gehen. Die verschiedenen Pflanzen, die sie dabei finden, können gepflückt und zu Hause gepresst werden. Ziemlich aufregend ist es auch, im See Fische oder Molche zu beobachten und Spinnen, Käfer und Schnecken zu fangen und genauestens unter die Lupe zu nehmen. Diese prakti-

Spielidee

Schneeflockenexperiment

Im Winter bietet sich die Gelegenheit, die Schneeflocken oder Eisblumen am Fenster einmal genauer zu untersuchen. Geben Sie Ihrem Kind ein Vergrößerungsglas in die Hand, das es von innen gegen die Scheibe halten kann. Fordern Sie es dann auf, zu beschreiben, was alles zu sehen ist. Seine Beobachtungen beschreiben zu können, ist eine wichtige Voraussetzung zur Entwicklung neuer Ideen.

schen Lernerfahrungen sind v. a. durch die vielfältigen, sinnlichen Erlebnisse so einprägsam. Was man gleichzeitig gesehen, gehört, gerochen und gefühlt hat, das vergisst man so schnell nicht mehr.

Spaß an künstlerischer Betätigung

Der Aspekt des künstlerischen Schaffens und Gestaltens ist der, an den wir meistens denken, wenn wir von kreativer Betätigung sprechen. Künstlerische Kreativität ist jedoch nicht nur etwas für Genies. Viele Menschen haben das Bedürfnis, sich auszudrücken und ihre Ideen und Vorstellungen in dieser Form mitzuteilen. Kinder können beim Basteln, Malen, Schneiden, Kneten und Formen lernen, ihre Fantasie gezielt einzusetzen. Schon Dreijährige lieben es, auf Instrumenten zu klimpern und ihnen interessante Klänge zu entlocken. Sie tanzen gern, wobei sie sich am liebsten frei und ungezwungen zur Musik bewegen. Außerdem lernen sie schon im Vorschulalter durch Reime und Wortspiele, kreativ mit Sprache umzugehen. Wenn Kindern auf diese Weise die Möglichkeit geboten wird, sich künstlerisch zu betätigen, erleben sie sich selbst als aktive Wesen, die in der Lage sind, etwas Sichtbares bzw. Hörbares herzustellen. Das Bewusstsein, ein eigenes Werk geschaffen zu haben, stärkt das Selbstwertgefühl und fördert den Mut zur Kreativität. Aus diesem Grund sollten Sie die „Kunstwerke" Ihres Kindes auch immer positiv zur Kenntnis nehmen und loben! Am besten Sie nutzen eine Pinnwand, um die Kunstwerke angemessen zur Geltung zu bringen.

Wie Kreativität gefördert wird

Die Entwicklung von Kreativität ist für Ihr Kind sehr wichtig, weil dadurch seine gesamte Persönlichkeit, sein Selbstbewusstsein und sein Vertrauen in die eigenen Fähigkeiten gestärkt werden. Im späteren Berufsleben ist ebenfalls Kreativität gefragt.

Die richtigen Voraussetzungen schaffen

Lassen Sie Ihrem Kind in bestimmten Bereichen die Freiheit, seine eigenen Erfahrungen zu machen, ohne dass Sie eingreifen oder die Sache von Anfang an lenken. Gleichzeitig ist die Bereitschaft, sich intensiv mit Ihrem Kind zu beschäftigen, absolut notwendig. Kreativität verlangt ein hohes Maß an Mut, Fleiß und Zielstrebigkeit und um das aufbauen zu können, benötigt man ganz viel Ermutigung, Anstoß und Unterstützung. Talent und Begabung allein rei-

chen nicht aus, es braucht zudem einen soliden Fundus an Wissen und Kenntnissen, ganz egal auf welchem Gebiet man kreativ tätig werden will. Jede ganzheitliche Förderung wird daher auch die Kreativität Ihres Kindes unterstützen. Im Folgenden werden einige besonders wichtige Punkte genannt, die für die Förderung von Kreativität wichtig sind:

1. Kreativität braucht Raum!

Kinder müssen die Chance haben, sich zu bewegen. Schaffen Sie Ihrem Kind in Ihrer Wohnung eine Ecke, in der es seine gestalterischen Fähigkeiten entfalten kann. Dort sollte es die Möglichkeit geben, etwas umzustellen, Möbel und Gegenstände ins Spiel einzubauen und auch einmal richtig für Chaos zu sorgen. Ein Überangebot an Spielsachen ist da eher hinderlich.

2. Kreativität braucht Zeit!

Kreative Ideen lassen sich nicht von jetzt auf gleich entwickeln. Gerade weil Ihr Kind dazu ermuntert werden soll, nicht immer nur die nächstliegende Lösung für eine Aufgabe zu wählen, sollte es auch die Zeit haben, nach neuen Wegen zu suchen. Die kleinen Tüftler probieren gern verschiedene Möglichkeiten aus – sie experimentieren und variieren. Das braucht eben seine Zeit. Es gehört zum kreativen Prozess auch unbedingt dazu, dass man viele Fehler machen darf.

3. Kreativität braucht Material!

Kinder, die die Möglichkeit haben, verschiedenste Materialien sinnlich zu erfahren, sie zu untersuchen und damit zu arbeiten, werden tausend Ideen entwickeln, wie man damit spielen kann. Durch die Bereitstellung von Papier, Pappe, Stiften, Malfarben, Pinseln und Knete werden die kleinen Künstler zum Ausprobieren und Experimentieren angeregt. Besonders reizvoll sind auch Alltagsgegenstände, wie z. B. Besteck oder Hammer und Nägel.

4. Kreativität braucht Impulse!

Wenn Kinder kreativ tätig sind, lassen sie sich dabei gern von anderen inspirieren. Ermutigen Sie ihr Kind, den Dingen auf den Grund zu gehen und Neues auszuprobieren. Wenn Ihr Kind das Gefühl bekommt, dass seine spontanen Einfälle und seine kreativen Fähigkeiten von Ihnen geschätzt und gelobt werden, dann wird es daraus die nötige Kraft und Motivation ziehen, die es zum Kreativsein braucht.

Kunstpädagogik:
die Kreativität der Kleinsten

Genau wie Kinder erst glucksen, dann brabbeln und schließlich ihr erstes Wort sprechen, durchlaufen sie auch im Umgang mit Stift und Zettel verschiedene Entwicklungsphasen. In der Regel beginnen Kinder ab einem Jahr ein erstes Interesse an Malstiften zu entwickeln und zeichnen jetzt ungerade Striche und Kritzel. Diese Phase kann ein bis zwei Jahre andauern und wird irgendwann von Strichmännchen-Zeichnungen abgelöst. Erst danach entwickelt sich die Fähigkeit, komplexere Zeichnungen zu erstellen.

Dabei ist jede dieser Phasen ausgesprochen wichtig und hat nicht nur Einfluss auf die Entwicklung der feinmotorischen Fähigkeiten, sondern auch auf die kognitive Entwicklung (Wahrnehmungsvermögen, Fähigkeit der Darstellung, genaues Beobachten) des Kindes. Motivieren Sie Ihr Kind daher zum Malen und Zeichnen. Auch hier gilt aber: Freiwilligkeit ist oberstes Gebot. Gewähren Sie dem Kind freien Zugang zu Stiften und Zetteln; es soll malen können, wann es Lust hat.

Alle fertigen Werke sollten dann natürlich von den Eltern mit großem Lob bestaunt werden, damit die Kleinen die Lust nicht verlieren. Fordern Sie Ihr Kind außerdem auf, etwas über das Bild zu erzählen – meistens erfüllt das die Kleinen mit Stolz, wenn sie ihr Werk erklären dürfen.

Spielerisch Kreativität trainieren

Die folgenden Spielvorschläge sollen Kinder zur aktiven und eigenständigen Auseinandersetzung mit der Welt anregen. Oft fehlt nur ein kleiner Anstoß, eine Idee oder ein Angebot – mit oder ohne Material –, um die kreative Ader des kleinen Tausendsassas zum Pochen zu bringen. Für Kinder zwischen drei bis fünf Jahren.

Spielidee

Wie sieht die Hexe aus?

Material: Bunt- oder Wachsmalstifte, ausreichend Papier, möglichst große Bögen. Erzählen Sie Ihrem Kind etwa das Märchen von Hänsel und Gretel. Besprechen Sie dann die Geschichte und gehen Sie dabei v. a. auf die Rolle der Hexe ein. Anschließend kann das Kind dieser Figur ein Gesicht geben und sie so malen, wie es sie sich vorstellt. Was entsteht, ist eine einzigartige Hexe, die Ihr Kind in seiner Fantasie selbst erschaffen hat. Wenn Sie ebenfalls die Märchenfigur gezeichnet haben, werden Sie sehen, dass Ihre Figur ganz anders aussieht. Dabei ist keine der Varianten besser oder schlechter! Für Kinder ab vier Jahren.

Im folgenden Spiel können Sie und Ihr Kind Spaß mit Nützlichem verbinden, idem Sie delbst Karten basteln, die Sie an Freunde und Verwandte verschicken können. Für Kinder ab 3 Jahren.

Spielidee

Ein Winter-Watte-Bild

Material: farbige Bögen Tonpapier, schwarzer Stift, Kleber, Watte und andere Stoffe zum Bekleben. Lassen Sie Ihr Kind mit dem schwarzen Stift z. B. die Umrisse eines Schneemanns auf das Papier malen. Dann wird die Watte in kleine Fetzen gerissen und jeder einzelne davon mit etwas Klebstoff in die vorgemalte Kontur hineingeklebt, bis der Schneemann ganz weiß ist. Auf diese Weise lassen sich z. B. auch schöne Weihnachtskarten herstellen.

Auch durch einen Ausflug in andere Welten regen Sie die Fantasie und Kreativität an. Denken Sie sich mit Ihrem Kind in ein Abenteuerland. Wie sieht dort die Landschaft aus, gibt es z. B. einen Ozean, dichten Urwald? Lassen Sie Ihr Kind erzählen, welche Lebewesen man dort treffen kann. Bekommt man besondere Fähigkeiten, wenn man das Abenteuerland betritt, kann man z. B. fliegen?

Erlebnispädagogik: Lernen mit Kopf, Hand und Herz

Ganzheitliches Lernen mit Sinn und Verstand

„Sag' es ihnen und sie werden
vergessen.
Zeig' es ihnen und sie werden
sich erinnern.
Lass' es sie erleben und sie werden
verstehen."

Schon vor über tausend Jahren hat ein altes chinesisches Sprichwort auf den Punkt gebracht, was moderne Pädagogen heute vermitteln wollen: „Lernen durch Erleben" ist die effektivste Form der Bildung und die Kernaussage der erlebnispädagogischen Erziehung. Testen Sie es – Sie werden sehen, verstehen und fühlen, was dahinter steckt.

Eine Lehre mit Tradition

Die Anfänge der Erlebnispädagogik liegen mehr als 200 Jahre zurück und stammen damit aus einer Zeit, in der Erziehungsformen generell eher konservativ geprägt waren. Pädagogische Erlebnisse gab es allenfalls mit dem Rohrstock – spielerische Abenteuer galten dagegen als kontraproduktiv. Der Philosoph Jean-Jacques Rousseau (1712–1778) war damals einer der ersten, der sich gegen seine Kollegen aussprach und die Methode der Erlebnispädagogik (von ihm damals noch „Natürliche Erziehung" genannt) in Ansätzen vertreten hat. Grundlage dieser Erziehungsform war bei Rousseau, ebenso wie bei seinen nachfolgenden Kollegen Henry David Thoreau und Kurt Hahn, die Beobachtung, dass gesellschaftliche Entwicklungen, wie die Verstädterung und Industrialisierung, dazu führten, dass immer mehr Kinder und Jugendliche verlernten, ihre Umwelt körperlich wahrzunehmen. Frühkindliche Erziehung und die Schule waren so sehr auf die geistige Bildung der Kinder bedacht, dass körperliche Erlebnisse und Herausforderungen in den Hintergrund traten. Dabei sind solche Erfahrungen wichtig, um das eigene Selbst besser kennenzulernen und einschätzen zu können. Weil Rousseau die Beobachtung machte, dass Kinder immer passiver wurden, machte er den Satz „Leben heißt nicht Atmen, sondern Handeln" zur Devise seines Erziehungsansatzes. Kinder sollen danach nicht nur mit dem Kopf, sondern auch mit der Seele und dem Körper lernen. Zum Durchbruch kam diese Erziehungsform durch die Initiative Kurt Hahns in den 30er Jahren. Hahn leitete damals die erste Schule, die Unterricht mit erlebnispädagogischen Elementen (z. B. mit Segelausflügen) anbot. Inzwischen hat sich diese Erziehungsmethode längst durchgesetzt. Denn auch wenn die Geschichte der Erlebnispädagogik vielleicht noch nicht all zu lang ist, kann sie bereits Erfolge aufweisen.

Ziele der Erlebnispädagogik

Die Ziele der Erlebnispädagogik sind nicht im klassischen Sinne messbar. Das Kind soll sich nicht in einer bestimmten Disziplin (z. B. Schreiben, Schwimmen, Tanzen) verbessern, sondern durch das Erlebte eine ganzheitliche Stärkung – emotional, rational und psychisch – erfahren und für den Alltag des Lebens gewappnet werden. Der Erwachsene schafft dafür ein Erlebnis; eine für das Kind neue, spannende Situation (z. B. einen Kletterparcours mit Baumstämmen), den es selbstständig erkunden, erfahren und erleben darf. Die Erlebnisse müssen dabei derart gestaltet werden, dass die Kinder die Möglichkeiten bekommen auf Grenzerfahrungen zu stoßen und über sich selbst hinauswachsen zu können. Denn Ziel der Erlebnispädagogik ist es, das Kind durch immer neue Herausforderungen spielerisch zu einer Auseinandersetzung mit der eigenen körperlichen und geistigen Leistungsfähigkeit und damit zu einer besseren Einschätzung seiner Möglichkeiten zu führen. Dabei kommt die kindliche Neugier diesem Ansatz ungemein zugute, da unbekannte Situationen von Kindern grundsätzlich als spannendes Abenteuer – nicht als beängstigende Probe – empfunden werden. Je erfolgreicher die Kleinen dabei die Abenteuer meistern, desto selbstbewusster gehen sie aus der Situation heraus – und stellen sich zukünftigen, unbekannten Lebenslagen eigenständig, wissbegierig und furchtlos. Und zwar nicht nur als Kind, sondern auch mit zunehmendem Alter. Denn eines ist klar: Aus mutigen Kindern werden starke Erwachsene.

Eckpfeiler der Erlebnispädagogik

Die Erlebnispädagogik ist zwar eine freie und tendenziell unkonventionelle Erziehungsform; ein paar Grundprinzipien gilt es dennoch einzuhalten – jedenfalls von den Erwachsenen. Hier sind die wichtigsten Eckpfeiler für ein erlebnisreiches Lernen:

1. Erleben statt Erlernen.

Die wichtigste Regel lautet: Kinder sollen in neue Situationen hineintauchen dürfen und sie nicht bloß von außen betrachten oder nachstellen. Dieses Vorgehen entspricht dem natürlichen, kindlichen Spieltrieb. Hier ein Beispiel aus der Praxis: „Vater-Mutter-Kind" ist ein beliebtes Spiel, bei dem Kinder typische Situationen aus dem Familienleben nachstellen und soziale Rollen erlernen. Anstatt Puppen oder andere Spielfiguren in diese Rollen zu stecken, sollen Kinder nach der erlebnispädagogischen Theorie selbst in diese Rollen schlüpfen. Sie

spielen selbst den Vater, die Mutter oder das Kind. Erfahrungen, die am eigenen Leibe gemacht werden, wirken nachhaltiger als Erfahrungen, die man nur mittelbar über das Nachstellen durch ein Spielzeug erlebt. Dadurch können sich die Kinder besser in ihre Eltern hinein denken und auch ihre Verhaltensweisen verstehen.

2. Abenteuer statt Alltag.

Den Erlebnissen kommt eine zentrale Bedeutung zu. Sie gelten als neue, nicht alltägliche Situationen. Dabei können schon Dinge, die für Erwachsene selbstverständlich sind (z. B. eine Fahrt durch die Autowaschanlage) für Kinder ein spannendes Abenteuer sein. Dadurch, dass es sich bei den Erlebnissen immer um Herausforderungen handelt, die dem Kind bisher fremd waren, ist der Lerneffekt automatisch integriert. Auch in diesem Punkt sollten die Erfahrungen vom Kind selbst gemacht und nicht nur nachgestellt werden, damit ein Lerneffekt erzielt werden kann.

3. Gruppen- statt Einzelaufgaben.

Zwar kann man auch mit seinem Kind allein erlebnisorientiert arbeiten; das Erleben in der Gruppe hat aber den entscheidenden Vorteil, dass neben der Herausforderung der neuen Situation auch soziale Lernaspekte gefördert werden. Kinder lernen die Kooperation mit anderen Kindern, das gemeinsame Meistern von Aufgaben, entwickeln Teamgeist und Kompromissfähigkeit. Abgesehen davon macht auch das spannendste Abenteuer gemeinsam mehr Spaß!

4. Freiwilligkeit statt Zwang.

Der freie Wille ist die Grundvoraussetzung für ein lerneffektives Erleben.

INFO

Erleben für Groß und Klein

Der Mensch lernt ein Leben lang – das ist ein Naturgesetz. Die Erlebnispädagogik konzentriert sich daher nicht nur auf die Arbeit mit Kindern. Besonders im Jugendalter ist die Erlebnispädagogik ein toller Ansatz, um Teenager zu motivieren und in dieser schwierigen Phase ein sicheres Selbstwertgefühl entwickeln zu lassen. Pfadfindergruppen, betreute Gruppensportarten oder mehrtägige, pädagogisch organisierte Ausflüge, z. B. Kanutouren oder Wanderausflüge, sind attraktive Freizeitveranstaltungen mit erlebnispädagogischem Hintergrund. Auch für Erwachsenen sind erlebnispädagogische Abenteuer eine gewinnbringende Herausforderung. Oft veranstalten große Firmen solche Erlebnistage für ihre Mitarbeiter, um diese zu motivieren und einen besseren Gruppenzusammenhalt zu erzeugen. Eine der beliebtesten Einrichtungen hierfür sind Hochseilgärten, in denen durch gemeinsames Erklettern von Gerüsten, Ängste überwunden werden und auch ein Gemeinschaftsgefühl entsteht.

Denn nur wenn Kinder etwas aus freien Stücken tun, sind sie motiviert und damit lernwillig und -fähig. Genau wie Erwachsene! Da die Aufgaben und Erlebnisse ohnehin spielerisch gestaltet werden, können die Kinder meist ohnehin nicht widerstehen und machen gerne und freiwillig mit.

Das Leben ist ein Abenteuer: Erlebnispädagogik im Alltag

In der Erlebnispädagogik ist es Aufgabe der Eltern, für genügend spannende und lehrreiche Erlebnisse zu sorgen. Ihrer Fantasie sind dabei keine Grenzen gesetzt – alle Situationen, die für das Kind neu sind, können zu einem erlebnispädagogischen Spiel gemacht werden. Denken Sie dabei nicht in Ihren Maßstäben; Situationen, die für Erwachsene alltäglich sind, können für Kinder bereits ein aufregendes Abenteuer sein. Das fängt beim Einkaufen an und hört beim Waldspaziergang auf. Beobachten Sie Ihr Kind, in welcher Situation es besonders neugierig ist und machen Sie ein Spiel daraus. Beim Wegbringen von Leergut kann man sein vier- oder fünfjähriges Kind beispielsweise auffordern, die Flaschen selbst in den Automaten zu stecken. Bereits das ist ein Erlebnis, dass die Geschicklichkeit und Aufmerksamkeit des Kindes fordert. Auch Spaziergänge eignen sich perfekt für neue Erfahrungen: Kinder ab drei Jahren können z. B. versuchen, auf einem Baumstamm zu balancieren. Hierbei werden die Beweglichkeit geschult und körperliche Grenzen gespürt.

TIPP

Erste Verantwortung

Erklären Sie dem Kind, der Baum sei eine Brücke, die über ein Meer voller Seemonster führt – das spornt noch mehr an. Auch gut: Im Garten erleben Kinder die größten Abenteuer – machen Sie ein Erlebnis daraus, indem Sie Ihrem Kind z. B. eine Ecke einräumen, in der es seine eigenen Blumen pflanzen und pflegen darf. Dabei kann Ihr Kind erste Erfahrungen mit Verantwortung machen. Auch Kräuter eignen sich gut – da sie neben dem Geruchs- auch den Geschmackssinn ansprechen.

Sie sehen: Die Erlebnispädagogik ist so vielfältig wie Ihre Fantasie. Man kann aus fast jeder Situation ein Abenteuer machen. Ein paar weitere Spielvorschläge sind hier für Sie zusammengestellt:

Spielidee

Querfeldein

Ein Waldspaziergang ist schon spannend – noch aufregender wird er aber, wenn man sich traut einmal die gewohnten Bahnen zu verlassen und ein paar Meter querfeldein, abseits der Wege zurückzulegen. Da geht es über Stock und Stein, über große Baumstümpfe, vorbei an seltsamen Pilzen, vielleicht muss man sich auch mal ducken oder hüpfen. Manchmal ist auch der Boden rutschig oder nass. Möglichkeiten gibt es genug – lassen Sie Ihr Kind alle ausprobieren. Es wird große Augen machen, wenn Sie mit ihm gemeinsam durchs Unterholz laufen.

Achten Sie bei diesem Spiel darauf, dass es sich um ein Waldstück handelt, in dem es hell genug ist, damit die Kinder den Boden sehen können. Das Spiel ist variabel und kann daher optimal an das Alter des Kindes angepasst werden. Mit sechs Jahren dürfen Kinder bedenkenlos allein ein Stück querfeldein wandern, während die Eltern weiter auf dem normalen Weg gehen; für kleinere Kinder ist es oft schon aufregend genug, wenn sie zwei, drei Meter neben dem Weg her gehen. Ziel ist es, die Kinder mutiger, aber auch vorsichtiger werden zu lassen. Auf unwegsamem Untergrund lernen sie sich zu orientieren und ihre Bewegungen entsprechend anzupassen.

Bei diesem Spiel lernen die Kinder v. a. Geschicklichkeit und Feingefühl. Sie lernen ihren Körper in grobmotorischen Bewegungsabläufen (Parcours) auch feinmotorisch zu kontrollieren (auf das Ei achten). Dieses Spiel erfordert viel Geschick und Konzentration.

Spielidee

Rohes Ei!

Bauen Sie einen Parcours im Garten oder im Wohnzimmer, bei dem die Kinder verschiedene Disziplinen absolvieren müssen: Balancieren, z. B. auf einem Seil, das auf dem Boden liegt, krabbeln, z. B. unter einem Stuhl hindurch, Slalom laufen, rückwärts gehen, hüpfen und vieles mehr. Geben Sie den Kindern dabei ein rohes Ei in die Hand. Die Kinder sollen den Parcours absolvieren, ohne das Ei kaputt zu machen. Variante: Ältere Kinder können das Ei auch auf einem Löffel balancieren. Für Kinder ab vier Jahren.

Denken Sie einmal zurück: Gab es als Kind etwas Aufregenderes als zu zelten? Wenn es draußen dunkel wird und man nur noch die Geräusche der Umgebung wahrnimmt, ist das die geeignete Situation, um Ängste zu überwinden. Suchen Sie sich eine laue Sommernacht aus, in der Sie mit Ihrem Kind im eigenen Garten übernachten. Kindern, die allgemein etwas ängstlicher sind, sollte nicht zu viel zugemutet werden. Grundsätzlich ist das Zelten aber ein spielerisches Erlebnis, um Kinder in ihrem Mut zu stärken. Sie sehen: Erlebnisspiele gibt es viele verschiedene. Die besten Vorschläge finden Sie aber in den Köpfen Ihrer Kleinen. Hören Sie gut zu, wenn die Fantasie der Knirpse aus ihnen heraussprudelt. Das steckt an und es lassen sich so viele neue Spielideen umsetzen.

INFO

Worauf Eltern beim Erlebnis-Spiel achten müssen – ein Überblick:

Spielerische Gestaltung: Erlebnisse im Sinne der Erlebnispädagogik sind stets neue, unbekannte Situationen. Damit das Kind keine Scheu hat, müssen die Erlebnisse spielerisch gestaltet sein. Denken Sie sich z. B. immer eine passende Geschichte zu der jeweiligen Situation aus, in der das Kind einen Entdecker oder Helden spielt.

Gruppenerfahrung: Gemeinsam hat man mehr Spaß – und lernt auch mehr. Laden Sie daher andere Kinder zu Ihren Erlebnis-Spielen ein. So fördern Sie auch die soziale Kompetenz der Kleinen.

Pausen: Kinder sind neue Erdenbürger. Für sie ist Vieles noch unbekannt. Geben Sie den Kleinen daher genügend Zeit, damit sich Eindrücke festigen können und Gelerntes verarbeitet werden kann. Wann der richtige Zeitpunkt für eine Pause ist, bestimmen dabei die Kinder am besten selbst. Sobald sie quengelig werden und die Lust vergeht, sollte Schluss mit Spielen sein.

Nie allein lassen: In neuen Situationen brauchen Kinder Sicherheit, um diese ohne Furcht meistern zu können. Seien Sie immer in Sichtweite und greifen Sie ein, wenn es erforderlich ist.

Frustration vermeiden: Natürlich gehören auch Niederlagen zum Leben; in jungen Jahren sollten solche Erlebnisse aber vermieden werden, da sich ein gesundes Selbstbewusstsein, mit dem man solche Frustrationen verarbeitet, erst noch entwickeln muss. Gestalten Sie daher alle Spiele so, dass Ihr Kind sie stets erfolgreich meistern kann.

Register

Bildnachweis

Wir bedanken uns bei allen Bildlieferanten, die uns durch die Bereitstellung von Abbildungen freundlicherweise unterstützt haben.

fotolia.com: Prod. Numérik 4; lisalucia 5, 39; muro 6; Grischa Georgiew 8; VisRad 9; Monika Adamczyk 10, 70; Galina Barskaya 12; AVAVA 14; Jacques Ribieff 17; Monkey Business 21; cohelia 23; FotoMike1976 25; Renata Osinska 28, 59, 67; Jérôme SALORT 37; Ell 41; 5AM Images 43; Anetta 46; kristian sekulic 48; Ramona Heim 52, 74, 81; Oleg Kozlov 54; Yanik Chauvin 61; kathy buckner 72; Susanne Güttler 78; jeecis 83; franco visintainer 84; Brebca 85; Wojciech Gajda 88; Andro 89; Aliaksei Lasevich 90

mauritius images: 11, 36, 60, 76, 87